EXORTAÇÃO APOSTÓLICA
PÓS-SINODAL

CHRISTIFIDELES LAICI

DE SUA SANTIDADE O PAPA
JOÃO PAULO II
SOBRE VOCAÇÃO E MISSÃO DOS LEIGOS
NA IGREJA E NO MUNDO

Direção geral: *Ivani Pulga*
Coordenação editorial: *Noemi Dariva*
Gerente de produção: *Antonio Cestaro*

16ª edição – 2011
7ª reimpressão – 2023

Nenhuma parte desta obra poderá ser reproduzida ou transmitida por qualquer forma e/ou quaisquer meios (eletrônico ou mecânico, incluindo fotocópia e gravação) ou arquivada em qualquer sistema ou banco de dados sem permissão escrita da Editora. Direitos reservados.

Paulinas
Rua Dona Inácia Uchoa, 62
04110-020 – São Paulo – SP (Brasil)
Tel.: (11) 2125-3500
http://www.paulinas.com.br
editora@paulinas.com.br
Telemarketing e SAC: 0800-7010081

© Pia Sociedade Filhas de São Paulo – São Paulo, 1990

CHRISTIFIDELES LAICI

Aos bispos
Aos sacerdotes e aos diáconos
Aos religiosos e às religiosas
A todos os fiéis leigos

INTRODUÇÃO

1. OS FIÉIS LEIGOS *(Christifideles laici)*, cuja "vocação e missão na Igreja e no mundo há vinte anos do Concílio Vaticano II" foi tema do Sínodo dos Bispos de 1987, pertencem àquele Povo de Deus que é representado na imagem dos trabalhadores da vinha, de que fala o Evangelho de Mateus: "O Reino dos Céus é semelhante a um proprietário, que saiu muito cedo, a contratar trabalhadores para a sua vinha. Ajustou com eles um denário por dia e mandou-os para a vinha" (Mt 20,1-2).

A parábola do Evangelho abre aos nossos olhos a imensa vinha do Senhor e a multidão de pessoas, homens e mulheres, que ele chama e envia para trabalhar nela. A vinha é o mundo inteiro (cf. Mt 13,8), que deve ser transformado segundo o plano de Deus em ordem ao advento definitivo do Reino de Deus.

Ide vós também para a minha vinha

2. "Ao sair pelas nove horas da manhã, viu outros, que estavam ociosos, e disse-lhes: 'Ide vós também para a minha vinha'" (Mt 20,3-4).

O convite do Senhor Jesus "Ide vós também para a minha vinha" continua, desde esse longínquo dia, a fazer-se sentir ao longo da história: dirige-se a todo homem que vem a este mundo.

Nos nossos dias, a Igreja do Concílio Vaticano II, numa renovada efusão do Espírito de Pentecostes, amadureceu uma consciência mais viva da sua natureza missionária e ouviu de novo a voz do seu Senhor que a envia ao mundo como "sacramento universal de salvação".[1]

Ide vós também. A chamada não diz respeito apenas aos pastores, aos sacerdotes, aos religiosos e religiosas, mas estende-se aos fiéis leigos: também os fiéis leigos são pessoalmente chamados pelo Senhor, de quem recebem uma missão para a Igreja e para o mundo. Lembra-o S. Gregório Magno que, ao pregar ao povo, comentava assim a parábola dos trabalhadores da vinha: "Considerai o vosso modo de viver, caríssimos irmãos, e vede se já sois trabalhadores do Senhor. Cada qual avalie o que faz e veja se trabalha na vinha do Senhor".[2]

De um modo especial o Concílio, com o seu riquíssimo patrimônio doutrinal, espiritual e pastoral, dedicou páginas maravilhosas à natureza, dignidade, espiritualidade, missão e responsabilidade dos fiéis leigos. E *os Padres conciliares,* feitos eco do chamamento de Cristo, *convidaram todos os fiéis leigos, homens e mulheres, a trabalhar na sua vinha:* "O sagrado Concílio pede instantemente no Senhor a todos os leigos que respondam com decisão de

---

[1] CONC. ECUM. VAT. II, Const. dogm. sobre a Igreja *Lumen gentium*, 48.

[2] S. GREGÓRIO MAGNO, *Hom. in Evang.* I, XIX, 2: PL 76, 1155.

vontade, ânimo generoso e disponibilidade de coração à voz de Cristo, que nesta hora os convida com maior insistência, e ao impulso do Espírito Santo. De modo particular os mais novos tomem como dirigido a si próprios este chamamento e recebam-no com alegria e magnanimidade. Com efeito, é o próprio Senhor que, por meio deste sagrado Concílio, mais uma vez convida todos os leigos a que se unam a ele cada vez mais intimamente, e, sentindo como próprio o que é dele (cf. Fl 2,5), se associem à sua missão salvadora. É ele quem de novo os envia a todas as cidades e lugares aonde ele há de chegar (cf. Lc 10,1)".[3]

Ide vós também para a minha vinha. Mais uma vez estas palavras ecoaram espiritualmente durante a celebração do *Sínodo dos Bispos,* realizado em Roma de 1 a 30 de outubro de 1987. Trilhando os caminhos do Concílio e abrindo-se à luz das experiências pessoais e comunitárias de toda a Igreja, os Padres, enriquecidos por Sínodos precedentes, abordaram de forma específica e ampla o tema: a vocação e a missão dos leigos na Igreja e no mundo.

Nessa Assembleia de Bispos esteve presente uma qualificada representação de fiéis leigos, homens e mulheres, que deram um precioso contributo aos trabalhos do Sínodo, como publicamente foi reconhecido na homilia de encerramento: "Demos graças pelo fato de no decorrer do Sínodo, pudemos, não só alegrar-nos pela participação

---

[3] CONC. ECUM. VAT. II, Decr. sobre o apostolado dos leigos *Apostolicam actuositatem,* 33.

dos leigos (*auditores* e *auditrices*) mas ainda mais porque o desenvolvimento dos debates sinodais nos permitiu escutar a voz dos convidados, os representantes do laicato, provenientes de todas as partes do mundo, dos diversos países, e nos permitiu aproveitar as suas experiências, os seus conselhos, as sugestões que promanam do seu amor pela causa comum".[4]

De olhos postos no pós-Concílio, os Padres sinodais puderam constatar como o Espírito tem continuado a rejuvenescer a Igreja, suscitando novas energias de santidade e de participação em tantos fiéis leigos. Prova-o, entre outras coisas, o novo estilo de colaboração entre sacerdotes, religiosos e fiéis leigos; a participação ativa na liturgia, no anúncio da Palavra de Deus e na catequese; a multiplicidade de serviços e de tarefas confiadas aos fiéis leigos e por eles assumidas; o radioso florescimento de grupos, associações e movimentos de espiritualidade e de empenhamento laicais; a participação cada vez maior e significativa das mulheres na vida da Igreja, e o progresso da sociedade.

Ao mesmo tempo, o Sínodo acentuou como o caminho pós-conciliar dos fiéis leigos não tem estado isento de dificuldades e de perigos. Em especial podem recordar-se duas tentações, de que nem sempre souberam desviar-se: a tentação de mostrar um exclusivo interesse pelos serviços e tarefas eclesiais, por forma a chegarem frequentemente

---

[4] JOÃO PAULO II, Homilia da solene Concelebração Eucarística no encerramento da VII Assembleia Ordinária do Sínodo dos Bispos (30 de outubro de 1987): *AAS* 80 (1988), 598.

a uma prática abdicação das suas responsabilidades específicas no mundo profissional, social, econômico, cultural e político; e a tentação de legitimar a indevida separação entre a fé e a vida, entre a aceitação do Evangelho e a ação concreta nas mais variadas realidades temporais e terrenas.

Ao longo dos seus trabalhos, o Sínodo fez constante referência ao Concílio Vaticano II, cuja doutrina sobre o laicato, à distância de vinte anos, se revelou de surpreendente atualidade e, por vezes, de alcance profético: essa doutrina é capaz de iluminar e de guiar as respostas que hoje devem dar-se aos novos problemas. Com efeito, o desafio que os Padres sinodais aceitaram foi o de indicar os caminhos concretos para que a maravilhosa "teoria" sobre o laicato, expressa pelo Concílio, possa converter-se numa autêntica "praxe" eclesial. Há, pois, uma série de problemas que se impõem por uma sua certa "novidade", de tal forma que se podem chamar de pós-conciliares, ao menos em sentido cronológico: os Padres sinodais justamente lhes dedicaram especial atenção durante o seu debate e reflexão. Entre esses problemas contam-se os que se referem aos ministérios e aos serviços eclesiais confiados ou que deverão confiar--se aos fiéis leigos, a difusão e o crescimento de novos "movimentos" ao lado de outras formas agregativas de leigos, o lugar e a função da mulher tanto na Igreja como na sociedade.

Os Padres sinodais, no encerramento dos seus trabalhos, realizados com tanto empenho, competência e generosidade, manifestaram-me o desejo e fizeram-me o pedido de, na altura conveniente, oferecer a Igreja universal um documento conclusivo sobre os fiéis leigos.[5]

Esta Exortação Apostólica pós-sinodal pretende valorizar toda a riqueza dos trabalhos sinodais, desde os *Lineamenta* ao *Instrumentum laboris,* desde a relação introdutória às intervenções de cada Bispo e de cada leigo, à relação de síntese após o debate em aula, desde os debates e relações dos "círculos menores" às "proposições" finais. Assim, o presente documento não se situa paralelamente ao Sínodo, mas constitui a sua fiel e coerente expressão, é o fruto de um trabalho colegial para cujo resultado final contribuíram o Conselho de Secretaria do Sínodo e a própria Secretaria.

Criar e alimentar uma tomada de consciência mais decidida do dom e da responsabilidade que todos os fiéis leigos, e cada um deles em particular, têm na comunhão e na missão da Igreja é o objetivo que se propõe a presente Exortação.

As urgências atuais do mundo: por que estais aqui o dia inteiro inativos?

3. O significado fundamental deste Sínodo e, consequentemente, o seu fruto mais precioso, é que *os fiéis leigos escutem o chamamento de Cristo para trabalharem na sua vinha,* para tomar parte viva, consciente e responsável

---

[5] Cf. *Propositio* 1.

na missão da Igreja, *nesta hora magnífica e dramática da história,* no limiar do terceiro milênio.

Novas situações, tanto eclesiais como sociais, econômicas, políticas e culturais, reclamam hoje, com uma força toda particular, a ação dos fiéis leigos. Se o desinteresse foi sempre inaceitável, o tempo presente torna-o ainda mais culpável. *Não é lícito a ninguém ficar inativo.*

Retomemos a leitura da parábola evangélica: "Ao sair novamente pelas cinco horas, encontrou outros que ali estavam e disse-lhes: 'Por que ficais aqui o dia inteiro inativos?" Eles responderam-lhe: 'Porque ninguém nos contratou'. Disse-lhes ele: 'Ide vós também para a minha vinha'" (Mt 20,6-7).

Não há lugar para o ócio, uma vez que é tanto o trabalho que a todos espera na vinha do Senhor. O proprietário insiste ainda mais no seu convite: "Ide vós também para a minha vinha".

A voz do Senhor ressoa sem dúvida no íntimo do próprio ser de cada cristão, que, graças à fé e aos sacramentos da iniciação cristã, torna-se imagem de Jesus Cristo, insere-se na Igreja como seu membro vivo e é sujeito ativo da sua missão de salvação. A voz do Senhor, porém, também se faz sentir através dos acontecimentos históricos da Igreja e da humanidade, como nos lembra o Concílio: "O Povo de Deus, movido pela fé com que acredita ser conduzido pelo Espírito do Senhor, o qual enche o universo, esforça-se por discernir nos acontecimentos, nas exigências e aspirações, que compartilha juntamente com os homens de hoje, quais são os verdadeiros sinais da presença e do desígnio de Deus. Pois a fé ilumina todas as coisas com uma luz nova, e faz conhecer o desígnio divino acerca da vocação integral do homem e, dessa forma, orienta o espírito para soluções plenamente humanas".[6]

Temos pois de encarar de frente este nosso mundo, com os seus valores e problemas, as suas ânsias e esperanças, as suas conquistas e fracassos: um mundo, cujas situações econômicas, sociais, políticas e culturais, apresentam problemas e dificuldades mais graves do que o que foi descrito pelo Concílio na Constituição pastoral *Gaudium et spes*.[7] *É esta*, todavia, a vinha, é *este* o campo no qual os fiéis leigos são chamados a viver a sua missão. Jesus quer que eles, como todos os seus discípulos, sejam sal da terra e luz do mundo (cf. Mt 5,13-14). Mas qual é o *rosto* atual da "terra" e do "mundo", de que os cristãos devem ser "sal" e "luz"?

É deveras grande a diversidade das situações e das problemáticas que existem hoje no mundo, aliás

---

[6] CONC. ECUM. VAT. II, Const. past. sobre a Igreja no mundo contemporâneo *Gaudium et spes*, 11.

[7] Os Padres do Sínodo extraordinário de 1985, depois de terem proclamado "a grande importância e a grande atualidade da Constituição pastoral *Gaudium et spes*" prosseguem: "Ao mesmo tempo, porém, apercebemo-nos que os sinais do nosso tempo são em parte, diferentes dos do tempo do Concílio, com problemas e angústias maiores. Pois crescem hoje por toda a parte no mundo a fome, a opressão, a injustiça e a guerra, os sofrimentos, o terrorismo e outras formas de violência de toda a espécie" (*Relação final Ecclesia sub Verbo Dei mysteria Christi celebrans pro salute mundi*, II, D, 1).

caracterizadas por uma aceleração crescente de mudança. Por isso, é absolutamente necessário precaver-se contra generalizações e simplificações indevidas. Podem, todavia, individuar-se *algumas linhas de tendência que emergem na sociedade atual.* Como crescem juntos no campo evangélico o joio e o bom trigo, assim na história, teatro quotidiano de uma prática, muitas vezes contraditória, da liberdade humana, encontram-se, lado a lado, por vezes profundamente emaranhados entre si, o mal e o bem, a injustiça e a justiça, a angústia e a esperança.

Secularismo e necessidade religiosa

4. Como não pensar na persistente difusão do *indiferentismo religioso* e do *ateísmo* nas suas mais variadas formas, particularmente naquela que hoje talvez é a mais espalhada, a do *secularismo?* Embriagado pelas conquistas prodigiosas de um progresso científico-técnico e, sobretudo, fascinado pela mais antiga e sempre nova tentação de querer tornar-se como Deus (cf. Gn 3,5), através do uso de uma liberdade sem limites, o homem corta as raízes religiosas que mergulham no seu coração: esquece-se de Deus, considera-o vazio de significado para a sua existência, recusa-o, prostrando-se em adoração diante dos mais diversos "ídolos".

É verdadeiramente grave o fenômeno atual do secularismo: não atinge apenas os indivíduos, mas, de certa forma, comunidades inteiras, como já observava o Concílio: "Multidões cada vez maiores praticamente se separam da religião".[8] Repetidas vezes eu mesmo recordei o fenômeno da descristianização que atinge os povos cristãos de velha data e que exige, sem mais delongas, uma nova evangelização.

E, todavia, *a aspiração e a necessidade religiosas* não poderão extinguir-se de todo. A consciência de cada homem, quando tem a coragem de encarar as interrogações mais sérias da existência humana, especialmente a do sentido do viver, do sofrer e do morrer, não pode deixar de fazer sua a palavra de verdade que Santo Agostinho gritou: "Fizeste-nos para ti, Senhor, e o nosso coração inquieta-se enquanto não descansar em ti".[9] O mesmo mundo de hoje também o atesta, manifestando de formas cada vez mais amplas e vivas a abertura para uma visão espiritual e transcendente da vida, o despertar da procura religiosa, o regresso ao sentido do sagrado e à oração, a exigência de liberdade na invocação do Nome do Senhor.

A pessoa humana: dignidade espezinhada e exaltada

5. Pensemos também nas múltiplas *violações* a que hoje é submetida a *pessoa humana*. O ser humano, quando não é visto e amado na sua dignidade de imagem viva de Deus (cf. Gn 1,26), fica exposto às mais humilhantes e

---

[8] CONC. ECUM. VAT. II, Const. past. sobre a Igreja no mundo contemporâneo *Gaudium et spes*, 7.

[9] S. AGOSTINHO, *Confissões*, I, 1: CCL 27, 1.

aberrantes formas de "instrumentalização", que o tornam miseravelmente escravo do mais forte. E o "mais forte" pode revestir-se dos mais variados nomes: ideologia, poder econômico, sistemas políticos desumanos, tecnocracia científica, invasão dos "mass media". Mais uma vez nos encontramos diante de multidões de pessoas, nossos irmãos e irmãs, cujos direitos fundamentais são violados, também em nome de uma excessiva tolerância e até da clara injustiça de certas leis civis: o direito à vida e à integridade, o direito à casa e ao trabalho, o direito à família e à procriação responsável, o direito de participar na vida pública e política, o direito à liberdade de consciência e de profissão de fé religiosa.

Quem poderá contar as crianças não nascidas por terem sido mortas no seio das suas mães, as crianças abandonadas e maltratadas pelos próprios pais, as crianças que crescem sem afeto e sem educação? Em certos países populações inteiras são despojadas de casa e de trabalho, faltam-lhes os meios absolutamente indispensáveis para levar uma vida digna de seres humanos, e são privadas até do necessário para a sua subsistência. Enormes manchas de pobreza e de miséria, ao mesmo tempo física e moral, erguem-se ao lado das grandes metrópoles e ferem de morte grupos humanos inteiros.

Mas o *caráter sagrado da pessoa* não pode ser anulado, embora muitas vezes seja desprezado e violado: tendo o seu fundamento inabalável em Deus Criador e Pai, o caráter sagrado da pessoa volta a afirmar-se, de novo e sempre.

Daí a difusão cada vez mais vasta e a afirmação cada vez mais vigorosa do *sentido da dignidade pessoal de todo o ser humano*. Uma corrente benéfica já alastra e permeia todos os povos da terra, tornando-os cada vez mais conscientes da dignidade do homem: ele não pode ser uma "coisa" ou um "objeto", de que nos servimos, mas é sempre e apenas um "sujeito", dotado de consciência e de liberdade, chamado a viver de forma responsável na sociedade e na história, orientado para os valores espirituais e religiosos.

Tem-se dito que o nosso é o tempo dos "humanismos": uns, pela sua matriz ateia e secularista, acabam paradoxalmente por mortificar e anular o homem; outros humanismos, invés, exaltam-no até ao ponto de atingirem formas de verdadeira e própria idolatria, outros, enfim, reconhecem justamente a grandeza e a miséria do homem, exprimindo, defendendo e favorecendo a sua dignidade integral.

Sinal e fruto destas correntes humanistas é a crescente necessidade da *participação*. Sem dúvida, este é um dos traços característicos da humanidade de hoje, um autêntico "sinal dos tempos" que está a amadurecer em diversos campos e em diversas direções: no campo, sobretudo, das mulheres e do mundo dos jovens e na direção da vida, não só familiar e escolar, mas também cultural, econômica, social e política. Tornar-se protagonistas e, em certa medida, criadores de uma nova cultura humanista, é uma exigência ao mesmo tempo universal e individual.[10]

---

[10] Cf. *Instrumentum laboris*, "De vocatione et missione laicorum in Ecclesia et in mundo viginti annis a Concilio Vaticano II elapsis", 5-10.

Conflituosidade e paz

6. Não se pode, por fim, esquecer um outro fenômeno que caracteriza a humanidade atual: talvez como nunca na sua história, a humanidade é todos os dias profundamente ferida e dilacerada pela *conflituosidade*. Trata-se de um fenômeno pluriforme, que se distingue do pluralismo legítimo das mentalidades e das iniciativas e que se manifesta na infeliz contraposição das pessoas, dos grupos, categorias, nações e blocos de nações. É uma contraposição que assume formas de violência, de terrorismo, de guerra. Mais uma vez, mas em proporções imensamente ampliadas, diversos setores da humanidade atual, querendo demonstrar a sua "onipotência", renovam a insensata experiência da construção da "torre de Babel" (cf. Gn 11,1-9), a qual, porém, gera confusão, luta, desagregação e opressão. E a família humana é assim dramaticamente desarticulada e dilacerada no seu seio.

Por outro lado, não se pode suprimir de modo algum a aspiração dos indivíduos e dos povos ao inestimável bem da *paz* na justiça. A bem-aventurança evangélica: "Bem-aventurados os construtores da paz" (Mt 5,9) encontra nos homens do nosso tempo um novo e significativo eco: hoje populações inteiras vivem, sofrem e trabalham para conseguir a paz e a justiça. A *participação* de tantas pessoas e grupos na vida da sociedade é o caminho que hoje mais se percorre para que a paz se torne de desejo em realidade. Neste caminho encontramos tantos fiéis leigos generosamente empenhados no campo social e político, nas mais variadas formas, tanto institucionais como de voluntariado e de serviço aos últimos.

Jesus Cristo, a esperança da humanidade

7. Este é o vasto e atribulado campo que se depara aos trabalhadores que o proprietário mandou trabalhar na sua vinha.

Neste campo está presente e operante a Igreja, todos nós, pastores e fiéis, sacerdotes, religiosos e leigos. As situações que foram aqui recordadas atingem profundamente a Igreja: esta, em parte, é condicionada por elas, embora não esmagada nem tampouco vencida, pois o Espírito Santo, que é a sua alma, a conforta na sua missão.

A Igreja sabe que todos os esforços que a humanidade está a envidar em favor da comunhão e da participação, não obstante todas as dificuldades, atrasos e contradições devidas às limitações humanas, ao pecado e ao Maligno, têm plena resposta na ação de Jesus Cristo, Redentor do homem e do mundo.

A Igreja sabe que foi mandada por ele como "sinal e instrumento da íntima união com Deus e da unidade de todo o gênero humano".[11]

Apesar de tudo, portanto, a humanidade pode ter esperança e deve ter esperança: o Evangelho vivo e pessoal, *Jesus Cristo em pessoa, é a "notícia" nova e portadora*

---

[11] CONC. ECUM. VAT. II, Const. dogm. sobre a Igreja *Lumen gentium*, 1.

de alegria que a Igreja cada dia anuncia e testemunha a todos os homens.

Neste anúncio e neste testemunho os fiéis leigos têm um lugar original e insubstituível: por meio deles a Igreja de Cristo torna-se presente nos mais diversos setores do mundo, como sinal e fonte de esperança e de amor.

Capítulo I

EU SOU A VIDEIRA
E VÓS OS RAMOS

A dignidade dos fiéis leigos na Igreja-Mistério

O mistério da vinha

8. A Bíblia emprega a imagem da vinha de muitas maneiras e com diversos significados: ela serve particularmente para exprimir o *mistério do Povo de Deus*. Nesta perspectiva mais interior, os fiéis leigos não são simplesmente os agricultores que trabalham na vinha, mas são parte dessa mesma vinha: "Eu sou a videira, vós os ramos", diz Jesus (Jo 15,5).

Já no Antigo Testamento os profetas recorriam à imagem da vinha para indicar o povo eleito. Israel é a vinha de Deus, a obra do Senhor, a alegria do seu coração: "Eu tinha-te plantado como vinha predileta" (Jr 2,21); "A tua mãe era como uma videira plantada à beira das águas. Era fecunda e rica em sarmentos, graças à abundância de água" (Ez 19,10); "O meu amado possuía uma vinha numa colina fértil. Cavou-a, tirou-lhe as pedras, e plantou-a com varas escolhidas..." (Is 5,2).

Jesus retoma o símbolo da vinha e dele se serve para revelar alguns aspectos do Reino de Deus: "Um homem plantou uma vinha, cercou-a de uma sebe, cavou nela um lagar e edificou uma torre, depois a arrendou a uns vinhateiros e partiu para longe" (Mc 12,1; cf. Mt 21,28ss.).

O evangelista João convida-nos a penetrar em profundidade e introduz-nos na descoberta do *mistério da vinha:* esta é o símbolo e a figura, não só do povo de Deus, mas do *próprio Jesus.* Ele é a cepa e nós, os discípulos, somos os ramos; ele é a "verdadeira videira", à qual estão vitalmente ligados os ramos (cf. Jo 15,1ss.).

O Concílio Vaticano II, referindo as várias imagens bíblicas que iluminam o mistério da Igreja, usa novamente a imagem da videira e das vides: "Cristo é a videira verdadeira que dá vida e fecundidade às vides, isto é, a nós, que por meio da Igreja permanecemos nele e sem o qual nada podemos fazer (Jo 15,1-5)".[1] A própria Igreja é, portanto, a vinha evangélica. *É mistério,* porque o amor e a vida do Pai, do Filho e do Espírito Santo são o dom totalmente gratuito oferecido a todos aqueles que nasceram da água e do Espírito (cf. Jo 3,5), chamados a reviver a mesma *comunhão* de Deus e a manifestá-la e a comunicá-la na história *(missão):* "Naquele dia — diz Jesus — conhecereis que eu estou no Pai e vós em mim e eu em vós" (Jo 14,20).

Assim, só *no interior do mistério da Igreja como mistério de comunhão se revela a "identidade" dos fiéis leigos,* a sua original dignidade. E só no interior dessa

---

[1] CONC. ECUM. VAT. II, Const. dogm. sobre a Igreja *Lumen gentium,* 6.

dignidade se podem definir a sua vocação e a sua missão na Igreja e no mundo.

Quem são os fiéis leigos

9. Os Padres sinodais justamente sublinharam a necessidade de se delinear e propor uma *descrição positiva* da vocação e da missão dos fiéis leigos, aprofundando o estudo da doutrina do Concílio Vaticano II à luz, tanto dos mais recentes documentos do Magistério como da experiência da mesma vida da Igreja guiada pelo Espírito Santo.[2]

Ao responder à pergunta "quem são os fiéis leigos", o Concílio, ultrapassando anteriores interpretações prevalentemente negativas, abriu-se a uma visão decididamente positiva e manifestou o seu propósito fundamental ao afirmar *a plena pertença dos fiéis leigos à Igreja e ao seu mistério e a índole peculiar da sua vocação,* a qual tem como específico "procurar o Reino de Deus tratando das coisas temporais e ordenando-as segundo Deus".[3] "Por leigos — assim os descreve a Constituição *Lumen gentium* — entendem se aqui todos os cristãos que não são membros da sagrada Ordem ou do estado religioso reconhecido pela Igreja, isto é, os fiéis que, incorporados em Cristo pelo Batismo, constituídos em Povo de Deus e tornados participantes, a seu modo, do múnus sacerdotal,

---

[2] Cf. *Propositio* 3.

[3] CONC. ECUM. VAT. II, Const. dogm. sobre a Igreja *Lumen gentium,* 31.

profético e real de Cristo, exercem pela parte que lhes toca, na Igreja e no mundo, a missão de todo o povo cristão".[4]

Já Pio XII, dizia: "Os fiéis, e mais propriamente os leigos, encontram-se na linha mais avançada da vida da Igreja; para eles, a Igreja é o princípio vital da sociedade humana. Por isso, eles, e sobretudo eles, devem ter uma consciência, cada vez mais clara, *não só de pertencerem à Igreja, mas de ser a Igreja,* isto é, a comunidade dos fiéis sobre a terra sob a guia do Chefe comum, o Papa, e dos Bispos em comunhão com ele. Eles são a Igreja...".[5]

Segundo a imagem bíblica da vinha, os fiéis leigos, como todos os outros membros da Igreja, são vides radicadas em Cristo, a verdadeira videira, que torna as vides vivas e vivificantes.

A inserção em Cristo através da fé e dos sacramentos da iniciação cristã é a raiz primeira que dá origem à nova condição do cristão no mistério da Igreja, que constitui a sua mais profunda "fisionomia" e que está na base de todas as vocações e do dinamismo da vida cristã dos fiéis leigos: em Jesus Cristo morto e ressuscitado o batizado torna-se uma "nova criatura" (Gl 6,15; 2Cor 5,17), uma criatura purificada do pecado e vivificada pela graça.

Assim, só descobrindo a misteriosa riqueza que Deus dá ao cristão no santo Batismo é possível delinear a "figura" do fiel leigo.

---

[4] Ibid., 31.

[5] PIO XII, Discurso aos novos Cardeais (20 de fevereiro de 1946): *AAS* 38 (1946), 149.

O Batismo e a novidade cristã

10. Não é um exagero dizer-se que toda a existência do fiel leigo tem por finalidade levá-lo a descobrir a radical novidade cristã que promana do Batismo, sacramento da fé, a fim de poder viver as suas exigências segundo a vocação que recebeu de Deus. Para descrever a "figura" do fiel leigo, vamos agora considerar de forma explícita e mais direta, entre outros, estes três aspectos fundamentais: *o Batismo regenera-nos para a vida dos filhos de Deus, une-nos a Jesus Cristo e ao seu Corpo que é a Igreja, unge-nos no Espírito Santo, constituindo-nos templos espirituais.*

Filhos no Filho

11. Recordemos as palavras que Jesus disse a Nicodemos: "Em verdade, em verdade te digo: quem não nascer da água e do Espírito não pode entrar no Reino de Deus" (Jo 3,5). O santo Batismo é, pois, um novo nascimento, é uma regeneração.

É pensando neste aspecto do dom batismal que o apóstolo Pedro irrompe no canto: "Bendito seja Deus e Pai de Nosso Senhor Jesus Cristo, que na sua grande misericórdia nos regenerou pela ressurreição de Jesus Cristo dentre os mortos para uma esperança viva, para uma herança incorruptível, que não pode contaminar-se, e imarcescível" (1Pd 1,3-4). Para Pedro, os cristãos são aqueles que foram "regenerados, não de uma semente corruptível, mas incorruptível: pela palavra de Deus viva e eterna" (1Pd 1,23).

Com o santo Batismo tornamo-nos *filhos de Deus no Seu Unigênito Filho, Jesus Cristo*. Ao sair das águas da sagrada fonte, todo o cristão ouve de novo aquela voz que um dia se fez ouvir nas margens do rio Jordão: "Tu és o meu Filho muito amado, em ti pus todo o meu enlevo" (Lc 3,22), e compreende ter sido associado ao Filho predileto, tornando-se filho de adoção (cf. Gl 4,4-7) e irmão de Cristo. Realiza-se, assim, na história de cada um o desígnio eterno do Pai: "Aqueles que de antemão conheceu, também os predestinou para serem conformes à imagem do seu Filho, a fim de que este seja o Primogênito de muitos irmãos" (Rm 8,29).

É o *Espírito Santo* que constitui os batizados em filhos de Deus e, ao mesmo tempo, membros do corpo de Cristo. Paulo recorda-o aos cristãos de Corinto: "Foi num só Espírito que todos nós fomos batizados, a fim de formarmos um só corpo" (1Cor 12,13), de forma que o apóstolo pode dizer aos fiéis leigos: "Sois agora corpo de Cristo e seus membros, cada um na parte que lhe toca" (1Cor 12,27); "Que vós sois filhos prova-o o fato que Deus mandou aos nossos corações o Espírito do seu Filho" (Gl 4,6; cf. Rm 8,15-16).

Um só corpo em Cristo

12. Regenerados como "filhos no Filho", os batizados são inseparavelmente *"membros de Cristo e membros do corpo da Igreja"*, como ensina o Concílio de Florença.[6]

---

[6] CONC. ECUM. FLORENTINO, Decr. *Pro Armeniis*, DS 1314.

O Batismo significa e realiza uma incorporação, mística mas real, no corpo crucificado e glorioso de Jesus. Através do sacramento Jesus une o batizado à sua morte para uni-lo à sua ressurreição (Rm 6,3-5), despoja-o do "homem velho" e reveste-o do "homem novo", isto é, de si mesmo: "Todos os que fostes batizados em Cristo — proclama o apóstolo Paulo — vos revestistes de Cristo" (Gl 3,27; cf. Ef 4,22-24; Col 3,9-10). Daí resulta que "nós, embora sendo muitos, constituímos um só corpo em Cristo" (Rm 12,5).

Reencontramos nas palavras de Paulo o eco fiel da doutrina do próprio Jesus, que revelou a *unidade misteriosa dos seus discípulos com ele e entre si,* apresentando-a como imagem e prolongamento daquela arcana comunhão que une o Pai ao Filho e o Filho ao Pai no vínculo amoroso do Espírito (cf. Jo 17,21). Trata-se da mesma unidade de que fala Jesus quando usa a imagem da videira e das vides: "Eu sou a videira, vós as vides" (Jo 15,5), uma imagem que ilumina, não apenas a profunda intimidade dos discípulos com Jesus, mas também a comunhão vital dos discípulos entre si: todos eles vides da única Videira.

Templos vivos e santos do Espírito

13. Usando uma outra imagem, a do edifício, o apóstolo Pedro define os batizados como "pedras vivas" edificadas sobre Cristo, a "pedra angular", e destinadas à "construção de um edifício espiritual" (1Pd 2,4ss.). A imagem introduz-nos num outro aspecto da novidade batismal, e que o

Concílio Vaticano II assim apresenta: "Pela regeneração e pela unção do Espírito Santo, os batizados são consagrados para serem uma morada espiritual".[7]

O Espírito Santo "unge" o batizado, imprime-lhe a sua marca indelével (cf. 2Cor 1,21-22) e faz dele templo espiritual, isto é, enche-o com a santa presença de Deus, graças à união e à conformação com Jesus Cristo.

Com esta espiritual "unção", o cristão pode, por sua vez, repetir as palavras de Jesus: "O Espírito do Senhor está sobre mim: por isso, me ungiu e me enviou para anunciar a Boa-Nova aos pobres, para proclamar a libertação aos cativos, e aos cegos o recobrar da vista, para mandar em liberdade os oprimidos e proclamar um ano de graça do Senhor" (Lc 4,18-19; Is 61,1-2). Assim, com a efusão batismal e crismal o batizado torna-se participante na mesma missão de Jesus Cristo, o Messias Salvador.

Participantes no múnus sacerdotal, profético e real de Jesus Cristo

14. Dirigindo-se aos batizados como a crianças recém-nascidas, o apóstolo Pedro escreve: "Agarrando-vos a ele pedra viva, rejeitada pelos homens, mas escolhida e preciosa aos olhos de Deus, vós também, quais pedras vivas, sois usados na construção de um edifício espiritual, por meio de um sacerdócio santo, cujo fim é oferecer sacrifícios espirituais que serão agradáveis a Deus, por Jesus

---

[7] CONC. ECUM. VAT. II, Const. dogm. sobre a Igreja *Lumen gentium*, 10.

Cristo... Vós, porém, sois a raça eleita, o sacerdócio real, a nação santa, o povo que Deus adquiriu para anunciar as maravilhas daquele que vos chamou das trevas à sua luz admirável..." (1Pd 2,4-5.9).

Eis um novo aspecto da graça e da dignidade batismal: os fiéis leigos participam, por sua vez, no tríplice múnus — sacerdotal, profético e real — de Jesus Cristo. Trata-se de um aspecto que a tradição viva da Igreja nunca esqueceu, como resulta, por exemplo, da explicação que Santo Agostinho deu do Salmo 26. Escreve ele: "David foi ungido rei. Naquele tempo ungiam-se apenas o rei e o sacerdote. Nessas duas pessoas prefigurava-se o futuro único rei e sacerdote, Cristo (daí que 'Cristo' venha de 'crisma'). Não foi, porém, ungido apenas a nossa Cabeça, mas fomos ungidos também nós, seu corpo... Por isso, a unção diz respeito a todos os cristãos, quando no tempo do Antigo Testamento pertencia apenas a duas pessoas. Deduz-se claramente sermos nós o corpo de Cristo, do fato de sermos todos ungidos e de todos sermos nele 'cristos' e Cristo, porque, de certa forma, a Cabeça e o corpo formam o Cristo na sua integridade".[8]

Nas pisadas do Concílio Vaticano II,[9] propus-me, desde o início do meu serviço pastoral, exaltar a dignidade sacerdotal, profética e real de todo o Povo de Deus, afirmando: "Aquele que nasceu da Virgem Maria, o Filho

---

[8] S. AGOSTINHO, *Enarr. in Ps*. 26, II, 2: PL 36, 199-200.

[9] Cf. CONC. ECUM. VAT. II, Const. dogm. sobre a Igreja *Lumen gentium*, 10.

do carpinteiro — como o julgavam — o Filho do Deus vivo, como confessou Pedro, veio para fazer de todos nós 'um reino de sacerdotes'. O Concílio Vaticano II recordou-nos o mistério deste poder e o fato de que a missão de Cristo — Sacerdote, Profeta-Mestre, Rei — continua na Igreja. Todos, todo o Povo de Deus participa nesta tríplice missão".[10]

Com esta Exortação mais uma vez convido os fiéis leigos a reler, a meditar e a assimilar com inteligência e com amor a rica e fecunda doutrina do Concílio sobre a sua participação no tríplice múnus de Cristo.[11] Eis agora em síntese os elementos essenciais dessa doutrina.

Os fiéis leigos participam no *múnus sacerdotal,* pelo qual Jesus se ofereceu a si mesmo sobre a Cruz e continuamente se oferece na celebração da Eucaristia para glória do Pai e pela salvação da humanidade. Incorporados em Cristo Jesus, os batizados unem-se a ele e ao seu sacrifício, na oferta de si mesmos e de todas as suas atividades (cf. Rm 12,1-2). Ao falar dos fiéis leigos, o Concílio diz: "Todos os seus trabalhos, orações e empreendimentos apostólicos, a vida conjugal e familiar, o trabalho de cada dia, o descanso do espírito e do corpo, se forem feitos no Espírito, e as próprias incomodidades da vida, suportadas com paciência, se

---

[10] JOÃO PAULO II, Homilia ao início do ministério de Supremo Pastor da Igreja (22 de outubro de 1978): *AAS* 70 (1978), 946.

[11] Cf. a nova proposta desta doutrina no *Instrumentum Laboris*, "De vocatione et missione laicorum in Ecclesia et in mundo viginti annis a Concilio Vaticano II elapsis", 25.

tornam em outros tantos sacrifícios espirituais, agradáveis a Deus por Jesus Cristo (cf. 1Pd 2,5); sacrifícios estes que são piedosamente oferecidos ao Pai, juntamente com a oblação do corpo do Senhor, na celebração da Eucaristia. E deste modo, os leigos, agindo em toda a parte santamente, como adoradores, consagram a Deus o próprio mundo".[12]

A participação no *múnus profético* de Cristo, "que, pelo testemunho da vida e pela força da palavra, proclamou o Reino do Pai",[13] habilita e empenha os fiéis leigos a aceitar, na fé, o Evangelho e a anunciá-lo com a palavra e com as obras, sem medo de denunciar corajosamente o mal. Unidos a Cristo, o "grande profeta" (Lc 7,16), e constituídos no Espírito "testemunhas" de Cristo Ressuscitado, os fiéis leigos tornam-se participantes quer do sentido de fé sobrenatural da Igreja que "não pode errar no crer"[14] quer da graça da palavra (cf. At 2,17-18; Ap 19,10); eles são igualmente chamados a fazer brilhar a novidade e a força do Evangelho na sua vida quotidiana, familiar e social, e a manifestar, com paciência e coragem, nas contradições da época presente, a sua esperança na glória "também por meio das estruturas da vida secular".[15]

Ao pertencerem a Cristo Senhor e Rei do universo, os fiéis leigos participam no seu *múnus real* e por ele são chamados para o serviço do Reino de Deus e para a sua

---

[12] CONC. ECUM. VAT. II, Const. dogm. sobre a Igreja *Lumen gentium*, 34.

[13] Ibid., 35.

[14] Ibid., 12.

[15] Ibid., 35.

difusão na história. Vivem a realeza cristã, sobretudo no combate espiritual para vencerem dentro de si o reino do pecado (cf. Rm 6,12), e depois, mediante o dom de si, para servirem, na caridade e na justiça, o próprio Jesus presente em todos os seus irmãos, sobretudo nos mais pequeninos (cf. Mt 25,40).

Mas os fiéis leigos são chamados de forma particular a restituir à criação todo o seu valor originário. Ao ordenar as coisas criadas para o verdadeiro bem do homem, com uma ação animada pela vida da graça, os fiéis leigos participam no exercício do poder com que Jesus Ressuscitado atrai a si todas as coisas e as submete, com ele mesmo, ao Pai, por forma a que Deus seja tudo em todos (cf. 1Cor 15,28; Jo 12,32).

A participação dos fiéis leigos no tríplice múnus de Cristo Sacerdote, Profeta e Rei encontra a sua raiz primeira na unção do Batismo, o seu desenvolvimento na Confirmação e a sua perfeição e sustento dinâmico na Eucaristia. É uma participação que se oferece a *cada* um dos fiéis leigos, mas *enquanto* formam *o único corpo* do Senhor. Com efeito, é a Igreja que Jesus enriquece com os seus dons, qual seu Corpo e sua Esposa. Assim, os indivíduos participam no tríplice múnus de Cristo *enquanto membros da Igreja,* como claramente ensina o apóstolo Pedro, que define os batizados como "raça eleita, sacerdócio real, nação santa, povo que Deus adquiriu" (1Pd 2,9). Precisamente por derivar *da* comunhão eclesial, a participação dos fiéis leigos no tríplice múnus de Cristo exige ser vivida e atuada *na* comunhão e *para* o crescimento da mesma comunhão. Escrevia Santo Agostinho: "Como chamamos a todos cristãos em virtude do místico crisma, assim a todos chamamos sacerdotes *porque são membros* do único Sacerdote".[16]

Os fiéis leigos e a índole secular

15. A novidade cristã é o fundamento e o título da igualdade de todos os batizados em Cristo, de todos os membros do Povo de Deus: "Comum é a dignidade dos membros, pela regeneração em Cristo, comum a graça dos filhos, comum a vocação à perfeição; uma só salvação, uma só esperança e indivisa caridade".[17] Em virtude da comum dignidade batismal, o fiel leigo é corresponsável, juntamente com os ministros ordenados e com os religiosos e as religiosas, da missão da Igreja.

Mas a comum dignidade batismal assume no fiel leigo *uma modalidade que o distingue, sem todavia o separar*, do presbítero, do religioso e da religiosa. O Concílio Vaticano II apontou a índole secular como sendo essa modalidade: "A índole secular é própria e peculiar dos leigos".[18]

Precisamente para se entender de forma completa, adequada e específica a condição eclesial do fiel leigo, é

---

[16] S. AGOSTINHO, *De civitate Dei*, XX, 10: *CCL* 48, 720.

[17] CONC. ECUM. VAT. II, Const. dogm. sobre a Igreja *Lumen gentium*, 32.

[18] Ibid., 31.

preciso aprofundar o alcance teológico da índole secular, à luz do plano salvífico de Deus e do mistério da Igreja.

Como dizia Paulo VI, a Igreja "tem uma autêntica dimensão secular, inerente a sua íntima natureza e missão, cuja raiz mergulha no mistério do Verbo encarnado e que se concretiza de formas diversas para os seus membros".[19]

A Igreja, com efeito, vive no mundo, embora não seja do mundo (cf. Jo 17,16) e é enviada para dar continuidade à obra redentora de Jesus Cristo, a qual, "visando por natureza salvar os homens, compreende também a instauração de toda a ordem temporal".[20]

É verdade que *todos os membros* da Igreja participam na sua dimensão secular, mas de *maneiras diferentes*. Nomeadamente a participação dos *fiéis leigos* tem uma sua modalidade de atuação e de função, que, segundo o Concílio, lhes é "própria e peculiar": tal modalidade é indicada na expressão "índole secular".[21]

Efetivamente, o Concílio descreve a condição secular dos fiéis leigos indicando-a, antes de mais, como o lugar onde lhes é dirigida a chamada de Deus: "*Aí são chamados por Deus*".[22] Trata-se de um "lugar" descrito em termos dinâmicos: os fiéis leigos "vivem no século, isto é,

---

[19] PAULO VI, Discurso aos membros dos Institutos Seculares (2 de fevereiro de 1972): *AAS* 64 (1972), 208.

[20] CONC. ECUM. VAT. II, Decr. sobre o apostolado dos leigos *Apostolicam actuositatem*, 5.

[21] CONC. ECUM. VAT. II, Const. dogm. sobre a Igreja *Lumen gentium*, 31.

[22] Ibid.

empenhados em toda a qualquer ocupação e atividade terrena e nas condições ordinárias da vida familiar e social, com as quais é como que tecida a sua existência".[23] Os fiéis leigos são pessoas que vivem a vida normal no mundo, estudam, trabalham, estabelecem relações amigáveis, sociais, profissionais, culturais, etc. O Concílio considera essa sua *condição* não simplesmente como um dado exterior e ambiental, mas como uma realidade *destinada a encontrar em Jesus Cristo a plenitude do seu significado*.[24] Mais, atesta que: "O próprio Verbo encarnado quis participar da vida social dos homens... Santificou os laços sociais e, antes de mais, os familiares, fonte da vida social, e submeteu-se livremente às leis do seu país. Quis levar a vida de um operário do seu tempo e da sua terra".[25]

O *"mundo" torna-se assim o ambiente e o meio da vocação cristã dos fiéis leigos*, pois também ele está destinado a dar glória a Deus Pai em Cristo. O Concílio pode, então, indicar qual o sentido próprio e peculiar da vocação divina dirigida aos fiéis leigos. Estes não são chamados a deixar o lugar que ocupam no mundo. O Batismo não os tira de modo nenhum do mundo, como sublinha o apóstolo Paulo: "Irmãos, fique cada um de vós diante de Deus na condição em que estava quando foi chamado" (1Cor 7,24); mas confia-lhes uma vocação

---

[23] Ibid.

[24] Cf. ibid., 48.

[25] CONC. ECUM. VAT. II, Const. past. sobre a Igreja no mundo contemporâneo *Gaudium et spes*, 32.

que diz respeito a essa mesma condição intramundana: pois, os fiéis leigos "são *chamados por Deus para que aí, exercendo o seu próprio ofício, inspirados pelo espírito evangélico, concorram para a santificação do mundo a partir de dentro, como o fermento,* e deste modo manifestem Cristo aos outros, antes de mais, pelo testemunho da própria vida, pela irradiação da sua fé, esperança e caridade".[26] Dessa forma, o estar e o agir no mundo são para os fiéis leigos uma realidade, não só antropológica e sociológica, mas também e especificamente teológica e eclesial, pois, é na sua situação intramundana que Deus manifesta o seu plano e comunica a especial vocação de "procurar o Reino de Deus tratando das realidades temporais e ordenando-as segundo Deus".[27]

E foi precisamente nesta linha que os Padres sinodais afirmaram: "A índole secular do fiel leigo não deve, pois, definir-se apenas em sentido sociológico, mas sobretudo em sentido teológico. A característica secular é vista à luz do ato criador e redentor de Deus, que confiou o mundo aos homens e às mulheres, para tomarem parte na obra da criação, libertarem a mesma criação da influência do pecado e santificarem a si mesmos no matrimônio ou na vida celibatária, na família, no emprego e nas várias atividades sociais".[28]

---

[26] CONC. ECUM. VAT. II, Const. dogm. sobre a Igreja *Lumen gentium*, 31.

[27] Ibid.

[28] *Propositio* 4.

A *condição eclesial* dos fiéis leigos é radicalmente definida pela sua *novidade cristã* e caracterizada pela sua *índole secular.*[29]

As imagens evangélicas do sal, da luz e do fermento, embora se refiram indistintamente a todos os discípulos de Jesus, têm uma específica aplicação nos fiéis leigos. São imagens maravilhosamente significativas, porque falam, não só da inserção profunda e da participação plena dos fiéis leigos na terra, no mundo, na comunidade humana, mas também e, sobretudo, da novidade e da originalidade de uma inserção e de uma participação destinadas à difusão do Evangelho que salva.

Chamados à santidade

16. A dignidade do fiel leigo revela-se em plenitude quando se considera a *primeira e fundamental vocação* que o Pai, em Jesus Cristo por meio do Espírito Santo, dirige a cada um deles: a vocação à santidade, isto é, à perfeição da caridade. O santo é o testemunho mais esplêndido da dignidade conferida ao discípulo de Cristo.

---

[29] "Membros a pleno título do Povo de Deus e do Corpo místico, participantes, mediante o Batismo, no tríplice múnus sacerdotal, profético e real de Cristo, os leigos exprimem e exercem as riquezas dessa sua dignidade *vivendo no mundo*. O que para os membros do ministério ordenado pode constituir uma tarefa acessória e excepcional, para os leigos é *missão típica*. A vocação que lhes é própria 'consiste em procurar o Reino de Deus tratando das coisas temporais e ordenando-as segundo Deus' (*Lumen gentium,* 31)" (João Paulo II, *Angelus* do 15 de março de 1987: *Insegnamenti*, X, 1 [1987], 561).

Sobre a universal vocação à santidade, o Concílio Vaticano II teve palavras sobremaneira luminosas. Pode dizer-se que foi precisamente esta a primeira incumbência confiada a todos os filhos e filhas da Igreja por um Concílio que se quis para a renovação evangélica da vida cristã.[30]Tal incumbência não é uma simples exortação moral, mas uma *exigência do mistério da Igreja, que não se pode suprimir:* a Igreja é a Vinha escolhida, por meio da qual as vides vivem e crescem com a mesma linfa santa e santificadora de Cristo; é o Corpo místico, cujos membros participam da mesma vida de santidade da Cabeça que é Cristo; é a Esposa amada do Senhor Jesus que a si mesmo se entregou para a santificar (cf. Ef 5,25ss.). O Espírito que santificou a natureza humana de Jesus no seio virginal de Maria (cf. Lc 1,35) é o mesmo Espírito que habita e atua na Igreja para lhe comunicar a santidade do Filho de Deus feito homem.

Hoje como nunca, urge que todos os cristãos retomem o caminho da renovação evangélica, acolhendo com generosidade o convite apostólico de "ser santos em todas as ações". O Sínodo extraordinário de 1985, a vinte anos do encerramento do Concílio, insistiu com oportunidade sobre essa urgência: "Sendo a Igreja em Cristo um mistério, ela deve ser vista como sinal e instrumento de santidade... Os santos e santas foram sempre fonte e origem de renovação nas circunstâncias mais difíceis em toda a história da Igreja.

---

[30] Veja-se, em particular, o cap. V da Const. dogm. sobre a Igreja *Lumen gentium*, 39-42, que trata da "vocação universal à santidade na Igreja".

Hoje temos muitíssima falta de santos, que devemos pedir com assiduidade".[31]

Todos na Igreja, precisamente porque são seus membros, recebem e, por conseguinte, partilham a comum vocação à santidade. A título pleno, sem diferença alguma dos outros membros da Igreja, a essa vocação são chamados os fiéis leigos: "Todos os fiéis, de qualquer estado ou ordem, são chamados à plenitude da vida cristã e à perfeição da caridade";[32] "Todos os fiéis são convidados e têm por obrigação tender à santidade e à perfeição do próprio estado".[33]

A vocação à santidade mergulha as suas *raízes no Batismo* e volta a ser proposta pelos vários sacramentos, sobretudo pelo da *Eucaristia:* revestidos de Jesus Cristo e impregnados do seu Espírito, os cristãos são "santos" e, por isso, são habilitados e empenhados em manifestar a santidade do seu *ser* na santidade de todo o seu *operar.* O apóstolo Paulo não se cansa de advertir todos os cristãos para que vivam "como convém a santos" (Ef 5,3).

---

[31] II ASSEMB. GER. EXTRAOR. SÍNODO DOS BISPOS (1985), *Ecclesia sub Verbo Dei mysteria Christi celebrans pro salute mundi. Relatio finalis,* II, A, 4.

[32] CONC. ECUM. VAT. II, Const. dogm. sobre a Igreja *Lumen gentium,* 40.

[33] Ibid., 42. Estas solenes e inequívocas afirmações do Concílio repropõem uma verdade fundamental da fé cristã. Assim, por exemplo, Pio XI na encíclica *Casti connubii,* dirigida aos esposos cristãos, escreve: "Podem e devem todos, qualquer que sejam as condições e o santo estado de vida que tenham escolhido, imitar o modelo perfeitíssimo de toda a santidade, que Deus propôs aos homens, e que é Nosso Senhor Jesus Cristo, e com a ajuda de Deus chegar também ao nível sumo da perfeição cristã, como o mostram os exemplos de tantos santos": *AAS* 22 (1930), 548.

A vida segundo o Espírito, cujo fruto é a santificação (Rm 6,22; cf. Gl 5,22), suscita e exige de todos e de cada um dos batizados *o seguimento e imitação de Jesus Cristo,* no acolhimento das suas Bem-aventuranças, na escuta e meditação da Palavra de Deus, na consciente e ativa participação na vida litúrgica e sacramental da Igreja, na oração individual, familiar e comunitária, na fome e sede de justiça, na prática do mandamento do amor em todas as circunstâncias da vida e no serviço aos irmãos, sobretudo os pequeninos, os pobres e os doentes.

Santificar-se no mundo

17. A vocação dos fiéis leigos à santidade comporta que a vida segundo o Espírito se exprima de forma peculiar na sua *inserção nas realidades temporais* e na sua *participação nas atividades terrenas.* É ainda o apóstolo que adverte: "Tudo quanto fizerdes por palavras e obras, fazei tudo no nome do Senhor Jesus, dando, por meio dele, graças a Deus Pai" (Cl 3,17). Aplicando as palavras do apóstolo aos fiéis leigos, o Concílio afirma categoricamente: "Nem os cuidados familiares nem outras ocupações profanas devem ser alheias à vida espiritual".[34] Por sua vez, os Padres sinodais afirmaram: "A unidade de vida dos fiéis leigos é de enorme importância, pois, eles têm que se santificar na normal vida profissional e social. Assim, para que possam responder à sua vocação, os fiéis leigos devem olhar

---

[34] CONC. ECUM. VAT. II, Decr. sobre o apostolado dos leigos *Apostolicam actuositatem*, 4.

para as atividades da vida quotidiana como uma ocasião de união com Deus e de cumprimento da sua vontade, e também como serviço aos demais homens, levando-os à comunhão com Deus em Cristo".[35]

A vocação à santidade deverá ser compreendida e vivida pelos fiéis leigos, antes de mais, como sendo uma obrigação exigente a que não se pode renunciar, como um sinal luminoso do infinito amor do Pai que os regenerou para a sua vida de santidade. Tal vocação aparece então como *componente essencial e inseparável de nova vida batismal* e, por conseguinte, elemento constitutivo da sua dignidade. Ao mesmo tempo, a vocação à santidade anda *intimamente ligada à missão* e à responsabilidade confiadas aos fiéis leigos na Igreja e no mundo. Com efeito, a própria santidade já vivida, que deriva da participação na vida de santidade da Igreja, representa o primeiro e fundamental contributo para a edificação da própria Igreja, como "Comunhão dos Santos". Um cenário maravilhoso se abre aos olhos iluminados pela fé: o de inúmeros fiéis leigos, homens e mulheres, que, precisamente na vida e nas ocupações do dia a dia, muitas vezes inobservados ou até incompreendidos e ignorados pelos grandes da terra, mas vistos com amor pelo Pai, são obreiros incansáveis que trabalham na vinha do Senhor, artífices humildes e grandes — certamente pelo poder da graça de Deus — do crescimento do Reino de Deus na história.

---

[35] *Propositio*, 5.

A santidade é, portanto, um pressuposto fundamental e uma condição totalmente insubstituível da realização da missão de salvação na Igreja. A santidade da Igreja é a fonte secreta e a medida infalível da sua operosidade apostólica e do seu dinamismo missionário. Só na medida em que a Igreja, Esposa de Cristo, se deixa amar por ele e o ama, é que ela se torna Mãe fecunda no Espírito.

Retomemos mais uma vez a imagem bíblica: o rebentar e o alastrar das vides dependem da sua inserção na videira. "Como a vide não pode dar fruto por si mesma se não estiver na videira, assim acontecerá convosco se não estiverdes em mim. Eu sou a videira, vós as vides. Quem permanece em mim e eu nele, esse dá muito fruto; porque sem mim nada podeis fazer" (Jo 15,4-5).

É natural recordar aqui a solene proclamação de fiéis leigos, homens e mulheres, como Beatos e Santos, feita durante o mês do Sínodo. Todo o Povo de Deus, e os fiéis leigos em particular, podem ter agora novos modelos de santidade e novos testemunhos de virtudes heroicas vividos nas condições comuns e ordinárias da existência humana. Como disseram os Padres sinodais: "As Igrejas locais e, sobretudo, as chamadas Igrejas mais jovens deverão procurar diligentemente entre os próprios membros aqueles homens e mulheres que prestaram nessas condições (as condições quotidianas do mundo e o estado conjugal) o testemunho da santidade e que podem servir de exemplo aos demais, a fim de, se for o caso, os proporem para a beatificação e canonização".[36]

---

[36] *Propositio*, 8.

Ao concluir estas reflexões, destinadas a definir a condição eclesial do fiel leigo, vem-me à mente a célebre recomendação de São Leão Magno: *"Agnosce, o Christiane, dignitatem tuam!"*.[37] É a mesma advertência de São Máximo, Bispo de Turim: "Considerai a honra que vos foi feita neste mistério!".[38] Todos os batizados são convidados a ouvir de novo as palavras de Santo Agostinho: "Alegremo-nos e agradeçamos: tornamo-nos não só cristãos, mas Cristo...! Maravilhai-vos e alegrai-vos: Cristo nos tornamos".[39]

A dignidade cristã, fonte da igualdade de todos os membros da Igreja, garante e promove o espírito de comunhão e de fraternidade e, ao mesmo tempo, torna-se o segredo e a força do dinamismo apostólico e missionário dos fiéis leigos. É uma *dignidade exigente,* a dignidade dos trabalhadores que o Senhor chamou para a sua vinha: "Incumbe a todos os leigos — lemos no Concílio — a magnífica tarefa de trabalhar para que o desígnio de salvação atinja cada vez mais os homens de todos os tempos e de toda a terra".[40]

---

[37] S. LEÃO MAGNO, *Sermo* XXI, 3: S. Ch. 22 bis, 72.

[38] S. MÁXIMO, *Tract. III de Baptismo*: *PL* 57, 779.

[39] S. AGOSTINHO, *In Ioann. Evang. tract.*, 21, 8; *CCL* 36, 216.

[40] CONC. ECUM. VAT. II, Const. dogm. sobre a Igreja *Lumen gentium*, 33.

CAPÍTULO II

TODOS RAMOS DA ÚNICA VIDEIRA

*A participação dos fiéis leigos na vida da
Igreja-Comunhão*

O mistério da Igreja-Comunhão

18. Ouçamos de novo as palavras de Jesus: "Eu sou a verdadeira videira e o meu Pai é o agricultor... *Permanecei em mim e eu em vós*" (Jo 15,1-4).

Nestas simples palavras é-nos revelada a misteriosa comunhão que vincula em unidade o Senhor e os discípulos, Cristo e os batizados: uma comunhão viva e vivificante, pela qual os cristãos deixam de pertencer a si mesmos, tornando-se propriedade de Cristo, como as vides ligadas à videira.

A comunhão dos cristãos com Jesus tem por modelo, fonte e meta a mesma comunhão do Filho com o Pai no dom do Espírito Santo: unidos ao Filho no vínculo amoroso do Espírito, os cristãos estão unidos ao Pai.

Jesus prossegue: "Eu *sou a videira e vós os ramos*" (Jo 15,5). Da comunhão dos cristãos com Cristo brota a comunhão dos cristãos entre si: todos são ramos da única Videira, que é Cristo. Para o Senhor Jesus esta comunhão fraterna é o maravilhoso reflexo e a misteriosa participação na vida íntima de amor do Pai, do Filho e do Espírito Santo. Jesus reza por esta comunhão: "Que todos sejam um só, como tu, ó Pai, estás em mim e eu em ti, que também eles estejam em nós, para que o mundo creia que tu me enviaste" (Jo 17,21).

Esta comunhão é o próprio mistério da Igreja, como nos recorda o Concílio Vaticano II na célebre frase de São Cipriano: "A Igreja universal aparece como 'um povo unido pela unidade do Pai, do Filho e do Espírito Santo'".[1] Para esse mistério da Igreja-Comunhão somos habitualmente chamados, quando, no início da celebração eucarística, o sacerdote nos recebe com a saudação do apóstolo Paulo: "A graça do Senhor Jesus Cristo, o amor de Deus e a comunhão do Espírito Santo estejam com todos vós" (2Cor 13,13).

Depois de ter esboçado a "figura" dos fiéis leigos na sua dignidade, devemos agora refletir sobre a sua missão e responsabilidade na Igreja e no mundo: mas estas só podem ser compreendidas de forma adequada no contexto vivo da Igreja-Comunhão.

O Concílio e a eclesiologia de comunhão

19. Esta é a ideia central que a Igreja deu de si no Concílio Vaticano II, como no-lo recorda o Sínodo extraordinário de 1985, celebrado a vinte anos do acontecimento conciliar: "A eclesiologia da comunhão é a ideia central e fundamental

---

[1] CONC. ECUM. VAT. II, Const. dogm. sobre a Igreja *Lumen gentium*, 4.

nos documentos do Concílio. A *Koinonia*-comunhão, fundada na Sagrada Escritura, é tida em grande honra na Igreja antiga e nas Igrejas orientais até aos nossos dias. Por isso, muito se tem feito desde o Concílio Vaticano II para que a Igreja como comunhão seja entendida de maneira mais clara e traduzida de modo mais concreto na vida. Que significa a complexa palavra 'comunhão'? Trata-se fundamentalmente de comunhão com Deus por Jesus Cristo no Espírito Santo. Tem-se esta comunhão na Palavra de Deus e nos sacramentos. O Batismo é a porta e o fundamento da comunhão na Igreja. A Eucaristia é a fonte e o ápice de toda a vida cristã (cf. LG 11). A comunhão do corpo de Cristo eucarístico significa e produz, isto é, edifica a íntima comunhão de todos os fiéis no Corpo de Cristo que é a Igreja (1Cor 10,16)".[2]

Logo a seguir ao Concílio, Paulo VI assim se dirigia aos fiéis: "A Igreja é uma comunhão. Que significa neste caso comunhão? Vamos ao parágrafo do catecismo que fala da *sanctorum communionem*, a comunhão dos santos. Igreja significa comunhão dos santos. E comunhão dos santos quer dizer uma dupla participação vital: a incorporação dos cristãos na vida de Cristo e a circulação dessa mesma caridade em todo o tecido dos fiéis, neste mundo e no outro. União a Cristo e em Cristo; e união entre os cristãos, na Igreja".[3]

---

[2] II ASSEMB. GER. EXTRAOR. SÍNODO DOS BISPOS (1985), Relação final *Ecclesia sub Verbo Dei mysteria Christi celebrans pro salute mundi*, II, C, 1.

[3] PAULO VI, Alocução de 8 de junho de 1966: *Insegnamenti*, IV (1966), 794.

As imagens bíblicas com que o Concílio se propôs introduzir-nos na contemplação do mistério da Igreja, realçam a realidade da Igreja-comunhão na sua inseparável dimensão de comunhão dos cristãos com Cristo e de comunhão dos cristãos entre si. São as imagens do redil, do rebanho, da videira, do edifício espiritual, da cidade santa.[4] É sobretudo a imagem do *corpo* apresentada pelo apóstolo Paulo, cuja doutrina brota fresca e atraente em tantas páginas do Concílio.[5] Por sua vez, o Concílio reportando-se à história inteira da salvação, volta a propor a imagem da Igreja como *Povo de Deus*: "Aprouve a Deus salvar e santificar os homens, não individualmente, excluída qualquer ligação entre eles, mas constituindo-os em povo que o reconhecesse na verdade e o servisse santamente".[6] Já nas suas primeiras linhas, a Constituição *Lumen gentium* compendia de forma admirável essa doutrina, ao escrever: "A Igreja, em Cristo, é como que o sacramento, ou seja, o sinal e o instrumento da íntima união com Deus e da unidade de todo o gênero humano".[7]

A realidade da Igreja-Comunhão é, pois, parte integrante, representa mesmo o *conteúdo central do "mistério"*, ou seja, do plano divino da salvação da humanidade. Por isso, a comunhão eclesial não pode ser adequadamente interpretada, se é entendida como uma

---

[4] Cf. CONC. ECUM. VAT. II, Const. dogm. sobre a Igreja *Lumen gentium*, 6.

[5] Cf. ibid., 7 e passim.

[6] Ibid., 9.

[7] Ibid., 1.

realidade simplesmente sociológica e psicológica. A Igreja-Comunhão é o povo "novo", o povo "messiânico", o povo que 'tem por cabeça Cristo... por condição a dignidade e a liberdade dos filhos de Deus... por lei o novo mandamento de amar como o próprio Cristo nos amou... por fim o Reino de Deus... (e é) constituído por Cristo numa comunhão de vida, de caridade e de verdade".[8] Os laços que unem os membros do novo Povo entre si — e antes de mais com Cristo — não são os da "carne" e do "sangue", mas os do espírito, mais precisamente, os do Espírito Santo, que todos os batizados recebem (cf. Jl 3,1).

Com efeito, aquele Espírito que desde a eternidade vincula a única e indivisa Trindade, aquele Espírito que "na plenitude do tempo" (Gl 4,4) une indissoluvelmente a carne humana ao Filho de Deus, esse mesmo e idêntico Espírito torna-se, ao longo das gerações cristãs, a fonte ininterrupta e inesgotável da comunhão na Igreja e da Igreja.

Uma comunhão orgânica: diversidade e complementaridade

20. A comunhão eclesial configura-se, mais precisamente, como uma comunhão "orgânica", análoga à de um corpo vivo e operante: ela, de fato, caracteriza-se pela presença simultânea da *diversidade* e da *complementaridade* das vocações e condições de vida, dos ministérios, carismas e responsabilidades. Graças a essa diversidade e

---

[8] Ibid., 9.

complementariedade, cada fiel leigo encontra-se *em relação com todo o corpo* e dá-lhe *o seu próprio contributo*.

Sobre a comunhão orgânica do Corpo místico de Cristo insiste com muita ênfase o apóstolo Paulo, cuja doutrina tão rica podemos reencontrar na síntese que o Concílio esboçou: Jesus Cristo — lemos na Constituição *Lumen gentium* —, "comunicando o seu Espírito, fez dos seus irmãos, chamados de entre todos os povos, como que o seu Corpo místico. Nesse corpo a vida de Cristo difunde-se nos crentes... Como todos os membros do corpo humano, apesar de serem muitos, formam no entanto um só corpo, assim também os fiéis em Cristo (cf. 1Cor 12,12). Também na edificação do Corpo de Cristo existe diversidade de membros e de funções. É um mesmo Espírito que distribui os seus vários dons segundo a sua riqueza da Igreja (cf. 1Cor 12,1-11). Entre estes dons, sobressai a graça dos Apóstolos, a cuja autoridade o mesmo Espírito submete também os carismáticos (cf. 1Cor 14). O mesmo Espírito, unificando o corpo por si e pela sua força e pela conexão interna dos membros, produz e promove a caridade entre os fiéis. Daí que, se algum membro padece, todos os membros sofrem juntamente (cf. 1Cor 12,26)".[9]

É sempre o *único e idêntico Espírito o princípio dinâmico da variedade e da unicidade* na e da Igreja. Lemos de novo na Constituição *Lumen gentium*: "E para que sem cessar nos renovemos nele (Cristo) (cf. Ef 4,23),

---

[9] Ibid., 7.

deu-nos do seu Espírito, o qual, sendo um e o mesmo na cabeça e nos membros, unifica e move o corpo inteiro, a ponto de os Santos Padres compararem a sua ação à que o princípio vital, ou alma, desempenha no corpo humano".[10] E numa outra passagem, particularmente densa e preciosa para podermos compreender a "organicidade" própria da comunhão eclesial, também no seu aspecto de constante crescimento para a comunhão perfeita, o Concílio escreve: "O Espírito habita na Igreja e nos corações dos fiéis, como num templo (cf. 1Cor 3,16; 6,19) e dentro deles ora e dá testemunho da adoção de filhos (cf. Gl 4,6; Rm 8,15-16.26). A Igreja, que ele conduz à verdade total (cf. Jo 16,13) e unifica na comunhão e no ministério, enriquece-a ele e guia-a com diversos dons hierárquicos e carismáticos e adorna-a com os seus frutos (cf. Ef 4,11-12; 1Cor 12,4; Gl 5,22). Pela força do Evangelho rejuvenesce a Igreja e renova-a continuamente e leva-a à união perfeita com o seu Esposo. Porque o Espírito e a Esposa dizem ao Senhor Jesus: 'Vem!' (cf. Ap 22,17)".[11]

A comunhão eclesial é, portanto, *um dom, um grande dom do Espírito Santo,* que os fiéis leigos são chamados a acolher com gratidão e, ao mesmo tempo, a viver com profundo sentido de responsabilidade. Isso é concretamente realizado através da sua participação na vida e na missão da Igreja, a cujo serviço os fiéis leigos colocam os seus variados e complementares ministérios e carismas.

[10] Ibid.

[11] Ibid., 4.

O fiel leigo "não pode nunca se fechar em si mesmo, isolando-se espiritualmente da comunidade, mas deve viver num contínuo intercâmbio com os outros, com um vivo sentido de fraternidade, na alegria de uma igual dignidade e no empenho em fazer frutificar ao mesmo tempo o imenso tesouro recebido em herança. O Espírito do Senhor dá-lhe, como aos outros, múltiplos carismas, convida-o a diferentes ministérios e funções, recorda-lhe, como também recorda aos outros em relação a ele, que tudo o que o distingue *não é um suplemento de dignidade,* mas *uma especial e complementar habilitação para o serviço...* Deste modo os carismas, os ministérios, as funções e os serviços do fiel leigo existem na comunhão e para a comunhão. São riquezas complementares em favor de todos, sob a sábia orientação dos Pastores".[12]

Os ministérios e os carismas, dons do Espírito à Igreja

21. O Concílio Vaticano II apresenta os ministérios e os carismas como dons do Espírito Santo em ordem à edificação do Corpo de Cristo e à sua missão de salvação no mundo.[13] A Igreja, com efeito, é dirigida e guiada pelo Espírito que distribui diversos dons hierárquicos e

---

[12] João Paulo II, Homilia da solene Concelebração Eucarística no encerramento da VII Assembleia Geral Ordinária do Sínodo dos Bispos (30 de outubro de 1987): *AAS* 80 (1988), 600.

[13] Cf. CONC. ECUM. VAT. II, Const. dogm. sobre a Igreja *Lumen gentium*, 4.

carismáticos a todos os batizados, chamando-os a ser, cada qual a seu modo, ativos e corresponsáveis.

Vamos agora considerar os ministérios e os carismas em referência direta aos fiéis leigos e à sua participação na vida da Igreja-Comunhão.

Ministérios, ofícios e funções

Os ministérios presentes e operantes na Igreja são todos, embora de diferentes modalidades, uma participação no mesmo ministério de Jesus Cristo, o bom Pastor que dá a vida pelas suas ovelhas (cf. Jo 10,11), o servo humilde e totalmente sacrificado para a salvação de todos (cf. Mc 10,45). Paulo é sobremaneira explícito sobre a constituição ministerial das Igrejas apostólicas. Na Primeira Carta aos Coríntios escreve: "Alguns, Deus estabeleceu na Igreja em primeiro lugar como apóstolos, em segundo lugar como profetas, em terceiro lugar como mestres..." (1Cor 12,28). Na Carta aos Efésios lemos: "A cada um de nós foi dada a graça segundo a medida do dom de Cristo... A uns, ele constituiu apóstolos; a outros, profetas; a outros evangelistas, pastores, doutores, para o aperfeiçoamento dos santos, para a obra do ministério, para a edificação do Corpo de Cristo, até que cheguemos todos à unidade da fé e do conhecimento do Filho de Deus, ao estado de homem perfeito, à medida da estatura completa de Cristo" (Ef 4,7.11-13; cf. Rm 12,4 8). Como resulta destes e de outros textos do Novo Testamento, os ministérios, bem como os dons e as funções eclesiais, são variados.

Os ministérios derivados da Ordem

22. Na Igreja encontramos, em primeiro lugar, os *ministérios ordenados,* isto é, os ministérios que *derivam do sacramento da Ordem.* O Senhor Jesus, com efeito, escolheu e instituiu os Apóstolos — semente do Povo da nova Aliança e origem da sagrada Hierarquia,[14] com o mandato de fazer discípulos de todas as gentes (cf. Mt 28,19), de formar e de guiar o povo sacerdotal. A missão dos Apóstolos, que o Senhor Jesus continua a confiar aos pastores (Bispos, Presbíteros, Diáconos) do seu povo, é um verdadeiro serviço, a que a Sagrada Escritura significativamente denomina *diakonia,* isto é, serviço, ministério. Os ministros recebem de Cristo Ressuscitado o carisma do Espírito Santo, na ininterrupta sucessão apostólica, através do sacramento da Ordem: dele recebem a autoridade e o poder sagrado para servirem a Igreja, agindo "in persona Christi Capitis"[15] (na pessoa de Cristo Cabeça) e reuni-la no Espírito Santo por meio do Evangelho e dos sacramentos. Os ministérios ordenados, antes de o serem para aqueles que os recebem, são uma imensa graça para a vida e para a missão da Igreja inteira. Exprimem e realizam uma participação no sacerdócio de Jesus Cristo que se diferencia, não só em grau mas também em essência, da participação dada no Batismo a todos os fiéis. Por outro lado, o sacerdócio ministerial, como recordou o Concílio Vaticano II,

---

[14] Cf. CONC. ECUM. VAT. II, Decr. sobre a atividade missionária da Igreja *Ad gentes*, 5.

[15] CONC. ECUM. VAT. II, Const. dogm. sobre a Igreja *Lumen gentium*, 21; Decr. *Presbyterorum ordinis*, 2.

é essencialmente finalizado no sacerdócio real de todos os fiéis e para ele ordenado.[16]

Por isso, a fim de assegurar e de aumentar a comunhão na Igreja, em especial no âmbito dos diversos e complementares ministérios, os pastores devem reconhecer que o seu ministério é radicalmente ordenado para o serviço de todo o Povo de Deus (cf. Hb 5,1), e os fiéis leigos, pela sua parte, devem reconhecer que o sacerdócio ministerial é absolutamente necessário para a sua vida e para a sua participação na missão da Igreja.[17]

Ministérios ofícios e funções dos leigos

23. A missão salvífica da Igreja no mundo realiza-se, não só pelos ministros, que o são em virtude do sacramento da Ordem, mas também por todos os fiéis leigos: estes, com efeito, por força da sua condição batismal e da sua vocação específica, na medida própria e cada um, participam no múnus sacerdotal, profético e real de Cristo.

Por isso, os pastores devem reconhecer e promover os ofícios e as funções dos fiéis leigos, que têm o seu *fundamento sacramental no Batismo e na Confirmação*, bem como, para muitos deles, *no Matrimônio*.

E, quando a necessidade ou a utilidade da Igreja o pedir, os pastores podem, segundo as normas estabelecidas

---

[16] CONC. ECUM. VAT. II, Const. dogm. sobre a Igreja *Lumen gentium*, 10.

[17] Cf. JOÃO PAULO II, Carta de Quinta-Feira Santa, a todos os sacerdotes da Igreja, 9 de abril de 1979, nn. 3-4: *Insegnamenti*, II (1979), 844-847.

pelo direito universal, confiar aos fiéis leigos certos ofícios e certas funções que, embora ligadas ao seu próprio ministério de pastores, não exigem, contudo, o caráter da Ordem. O Código de Direito Canônico escreve: "Onde as necessidades da Igreja o aconselharem, por falta de ministros, os leigos, mesmo que não sejam leitores ou acólitos, podem suprir alguns ofícios, como os de exercer o ministério da palavra, presidir às orações litúrgicas, conferir o Batismo e distribuir a Sagrada Comunhão, segundo as prescrições do direito".[18] Todavia, o *exercício de semelhante tarefa não transforma o fiel leigo em pastor:* na realidade, o que constitui o ministério não é a tarefa, mas a ordenação sacramental. Só o sacramento da Ordem confere ao ministro ordenado uma peculiar participação no ofício de Cristo, Chefe e Pastor, e no seu sacerdócio eterno.[19] A tarefa que se exerce como suplente recebe a sua legitimidade, formalmente e imediatamente, da delegação oficial que lhe dão os pastores e, no seu exercício concreto, submete-se à direção da autoridade eclesiástica.[20]

A recente Assembleia sinodal perspectivou um vasto e significativo panorama da situação eclesial acerca dos ministérios, ofícios e funções dos batizados. Os Padres manifestaram vivo apreço pelo notável contributo apostólico dos fiéis leigos, homens e mulheres, pelos seus carismas e

---

[18] CIC, can. 230, § 3.

[19] Cf. CONC. ECUM. VAT. II, *Presbyterorum ordinis,* 2 e 5.

[20] Cf. CONC. ECUM. VAT. II, Decr. sobre o apostolado dos leigos *Apostolicam actuositatem*, 24.

por toda a sua ação em favor da evangelização, da santificação e da animação cristã das realidades temporais. Ao mesmo tempo, foi muito apreciado o seu serviço ordinário nas comunidades eclesiais e a sua generosa disponibilidade para a suplência em situações de emergência e de necessidades crônicas.[21]

Na sequência da renovação litúrgica promovida pelo Concílio, os próprios fiéis leigos, tomando mais viva consciência das tarefas que lhes pertencem na assembleia litúrgica e na sua preparação, tornaram-se largamente disponíveis no seu desempenho: a celebração litúrgica, com efeito, é uma ação sagrada, não só do clero, mas de toda a assembleia. É, portanto, natural que as tarefas que não são exclusivas dos ministros ordenados, sejam desempenhadas pelos fiéis leigos.[22] Torna-se assim espontânea a passagem de um efetivo envolvimento dos fiéis leigos na ação litúrgica para o anúncio da Palavra de Deus e para a cura pastoral.[23]

---

[21] Código de Direito Canônico elenca uma série de funções ou tarefas próprias dos ministros sagrados, que, todavia, por circunstâncias especiais e graves, e, concretamente, por falta de Presbíteros ou Diáconos, são temporariamente exercidas por fiéis leigos, com prévia faculdade jurídica e mandato da autoridade eclesiástica competente: Cf. can. 230, § 3; 517, § 2; 776; 861, § 2; 910, § 2; 943; 1112, etc.

[22] Cf. CONC. ECUM. VAT. II, Const. sobre a Sagrada Liturgia *Sacrosanctum Concilium,* 28; Cf. CIC, can. 230, § 2.

[23] O Código de Direito Canônico apresenta diversas funções ou tarefas que os fiéis leigos podem desempenhar nas estruturas organizativas da Igreja: Cf. can. 228; 229, § 3; 317, § 3; 463, § 1 n. 5 e § 2; 483; 494; 537; 759; 776; 784; 785; 1282; 1421, § 2; 1424; 1428, § 2; 1435; etc.

Na mesma Assembleia sinodal, porém, não faltaram, ao lado dos positivos, pareceres críticos sobre o uso indiscriminado do termo "ministério", a confusão e o nivelamento entre sacerdócio comum e sacerdócio ministerial, a pouca observância de leis e normas eclesiásticas, a interpretação arbitrária do conceito de "suplência", uma certa tolerância por parte da própria autoridade legítima, a "clericalização" dos fiéis leigos e o risco de se criar de fato uma estrutura eclesial de serviço, paralela à fundada no sacramento da Ordem.

Precisamente para obviar tais perigos, os Padres sinodais insistiram na necessidade de serem expressas com clareza, até na própria terminologia,[24] quer a *unidade de missão* da Igreja, em que participam todos os batizados, quer a *diversidade* substancial do ministério dos pastores, radicado no sacramento da Ordem, em relação com os outros ofícios e as outras funções eclesiais, radicados nos sacramentos do Batismo e da Confirmação.

É, pois, necessário, em primeiro lugar, que os pastores, ao reconhecer e ao conferir aos fiéis leigos os vários ministérios, ofícios e funções, tenham o máximo cuidado em instruí-los sobre a raiz batismal destas tarefas. Igualmente, os pastores deverão zelar para que se evite um recurso fácil e abusivo a presumíveis "situações de emergência" ou de "necessária suplência", onde objetivamente não existam ou onde é possível remediar com uma programação pastoral mais racional.

---

[24] Cf. *Propositio* 18.

Os vários ofícios e funções que os fiéis leigos podem legitimamente desempenhar na liturgia, na transmissão da fé e nas estruturas pastorais da Igreja, deverão ser exercidos *em conformidade com a sua específica vocação laical,* diferente da dos ministros sagrados. Nesse sentido, a Exortação *Evangelii nuntiandi,* que teve tanto e tão benéfico mérito em estimular a diversificada colaboração dos fiéis leigos na vida e na missão evangelizadora da Igreja, lembra que "o campo próprio da sua atividade evangelizadora é o mesmo mundo vasto e complicado da política, da realidade social e da economia, como também o da cultura, das ciências e das artes, da vida internacional, dos 'mass media' e, ainda, outras realidades abertas para a evangelização, como sejam, o amor, a família, a educação das crianças e dos adolescentes, o trabalho profissional e o sofrimento. Quantos mais leigos houver impregnados do Evangelho, responsáveis em relação a tais realidades e comprometidos claramente nas mesmas, competentes para as promover e conscientes de que é necessário fazer desabrochar a sua capacidade cristã, muitas vezes escondida e asfixiada, tanto mais essas realidades, sem nada perderem ou sacrificarem do próprio coeficiente humano, mas patenteando uma dimensão transcendente para o além, não raro desconhecida, se virão a encontrar ao serviço da edificação do Reino de Deus e, por conseguinte, da salvação em Jesus Cristo".[25]

---

[25] PAULO VI, Exort. Ap. *Evangelii nuntiandi*, 70: *AAS* 68 (1976), 60.

Durante os trabalhos do Sínodo, os Padres dedicaram bastante atenção ao *Leitorado* e ao *Acolitado*. Enquanto, no passado, eles existiam na Igreja Latina apenas como etapas espirituais do itinerário para os ministérios ordenados, com o Motu Próprio de Paulo VI, *Ministeria quaedam* (15 de agosto de 1972) eles adquiriram uma própria autonomia e estabilidade, bem como uma sua possível destinação aos próprios fiéis leigos, se bem que exclusivamente para os homens. No mesmo sentido se expressou o novo Código de Direito Canônico.[26] Agora, os Padres sinodais manifestaram o desejo de que "o Motu Próprio 'Ministeria quaedam' fosse revisto, tendo em conta o uso das Igrejas locais e sobretudo indicando os critérios segundo os quais se devam escolher os destinatários de cada ministério".[27]

Em tal sentido foi constituída expressamente uma comissão, não só para responder a este desejo manifestado pelos Padres sinodais, mas também e ainda mais para estudar de modo aprofundado os diversos problemas teológicos, litúrgicos, jurídicos e pastorais levantados pelo atual grande florescimento de ministérios confiados aos fiéis leigos.

Esperando que a Comissão conclua o seu estudo, para que a praxe eclesial dos ministérios confiados aos fiéis leigos resulte ordenada e frutuosa, deverão ser fielmente respeitados por todas as Igrejas particulares os princípios teológicos atrás recordados, em particular a diversidade

---

[26] Cf. CIC, can. 230, § 1.

[27] *Propositio* 18.

essencial entre o sacerdócio ministerial e o sacerdócio comum e, consequentemente, a diversidade entre os ministérios derivados do sacramento da Ordem e os ministérios derivados dos sacramentos do Batismo e da Confirmação.

Os carismas

24. O Espírito Santo, ao confiar à Igreja-Comunhão os diversos ministérios, enriquece-a com outros dons e impulsos especiais, chamados *carismas*. Podem assumir as mais variadas formas, tanto como expressão da liberdade absoluta do Espírito que os distribui, como em resposta às múltiplas exigências da história da Igreja. A descrição e a classificação que os textos do Novo Testamento fazem desses dons são um sinal da sua grande variedade: "A manifestação do Espírito é dada a cada um para proveito comum. A um, o Espírito dá uma palavra de sabedoria; a outro, uma palavra de ciência, segundo o mesmo Espírito; a outro, a fé, no mesmo Espírito; a outro, o dom das curas, nesse único Espírito; a outro, o operar milagres; a outro, a profecia; a outro, o discernimento dos espíritos; a outro, o falar diversas línguas e a outro ainda o interpretar essas línguas" (1Cor 12,7-10; cf. 1Cor 12,4-6.28-31; Rm 12,6-8; 1Pd 4,10-11).

Os carismas, sejam extraordinários ou simples e humildes, são *graças do Espírito Santo que têm,* direta ou indiretamente, *uma utilidade eclesial,* ordenados como são à edificação da Igreja, ao bem dos homens e às necessidades do mundo.

Também aos nossos dias não falta o florescer de diversos carismas entre os fiéis leigos, homens e mulheres. São dados ao indivíduo, mas também podem ser partilhados por outros e de tal modo perseveram no tempo como uma herança preciosa e viva, que gera uma afinidade espiritual entre as pessoas. Precisamente em referência ao apostolado dos leigos, o Concílio Vaticano II escreve: "Para exercerem este apostolado, o Espírito Santo, que opera a santificação do Povo de Deus por meio do ministério e dos sacramentos, concede também aos fiéis dons particulares (cf. 1Cor 12,7), 'distribuindo-os por cada um conforme Lhe apraz' (cf. 1Cor 12,7-11), a fim de que 'cada um ponha ao serviço dos outros a graça que recebeu', e todos atuem 'como bons administradores da multiforme graça de Deus' (1Pd 4,10), para a edificação, no amor, do corpo todo (cf. Ef 4,6)".[28]

Na lógica da originária doação donde derivam, os dons do Espírito Santo exigem que todos aqueles que os receberam os exerçam para o crescimento de toda a Igreja, como no-lo recorda o Concílio.[29]

Os carismas devem ser *recebidos com gratidão:* tanto da parte de quem os recebe, como da parte de todos

---

[28] CONC. ECUM. VAT. II, Decr. sobre o apostolado dos leigos *Apostolicam actuositatem*, 3.

[29] "A recepção destes carismas, mesmo dos mais simples, confere a cada um dos fiéis o direito e o dever de os exercer na Igreja e no mundo, para bem dos homens e edificação da Igreja, na liberdade do Espírito Santo que 'sopra onde quer' (Jo 3,8) e, simultaneamente, em comunhão com os outros irmãos em Cristo, sobretudo com os próprios Pastores" (Ibid.).

na Igreja. Com efeito, eles são uma especial riqueza de graça para a vitalidade apostólica e para a santidade de todo o Corpo de Cristo: uma vez que sejam dons verdadeiramente provenientes do Espírito e se exerçam em plena conformidade com os autênticos impulsos do Espírito. Nesse sentido, torna-se sempre necessário o *discernimento dos carismas*. Na verdade, como disseram os Padres sinodais, "a ação do Espírito Santo, que sopra onde quer, nem sempre é fácil de se descobrir e de se aceitar. Sabemos que Deus atua em todos os fiéis cristãos e estamos conscientes dos benefícios que provêm dos carismas, tanto para os indivíduos como para toda a comunidade cristã. Todavia, também temos consciência da força do pecado e dos seus esforços para perturbar e confundir a vida dos fiéis e da comunidade".[30]

Por isso, nenhum carisma está dispensado da sua referência e dependência dos *Pastores da Igreja*. O Concílio escreve com palavras claras: "O juízo acerca da sua (dos carismas) autenticidade e reto uso, pertence àqueles que presidem na Igreja e aos quais compete de modo especial não extinguir o Espírito, mas julgar tudo e conservar o que é bom (cfr. 1Ts 5,12.19-21),[31] de modo que todos os carismas concorram, na sua diversidade e complementariedade, para o bem comum".[32]

---

[30] *Propositio* 9.

[31] CONC. ECUM. VAT. II, Const. dogm. sobre a Igreja *Lumen gentium,* 12.

[32] Cf. ibid., 30.

A participação dos fiéis leigos na vida da Igreja

25. Os fiéis leigos participam na vida da Igreja, não só pondo em ação os seus ministérios e carismas, mas também de muitas outras formas.

Essa participação encontra a sua primeira e necessária expressão na vida e missão das *Igrejas particulares,* das Dioceses, nas quais "está verdadeiramente presente e atua a Igreja de Cristo, una, santa, católica e apostólica".[33]

Igrejas particulares e Igreja Universal

Com vista a uma adequada participação na vida da Igreja, é absolutamente urgente que os fiéis leigos tenham uma ideia clara e precisa da *Igreja particular na sua originária ligação com a Igreja universal.* A Igreja particular não é o produto de uma espécie de fragmentação da Igreja universal, nem a Igreja universal resulta do simples somatório das Igrejas particulares; mas um laço vivo, essencial e perene as une entre si, enquanto a Igreja universal existe e se manifesta nas Igrejas particulares. Por isso, o Concílio afirma que as Igrejas particulares "são formadas à imagem da Igreja universal, das quais e pelas quais existe a Igreja católica, una e única".[34]

O mesmo Concílio incita fortemente os fiéis leigos a viver operosamente a sua pertença à Igreja particular,

---

[33] CONC. ECUM. VAT. II, Decr. sobre o múnus pastoral dos Bispos na Igreja *Christus Dominus*, 11.

[34] CONC. ECUM. VAT. II, Const. dogm. sobre a Igreja *Lumen gentium*, 23.

assumindo simultaneamente um respiro cada vez mais "católico": "Cultivem constantemente — lemos no Decreto sobre o apostolado dos leigos — o sentido da Diocese, de que a Paróquia é como que uma célula, e estejam sempre prontos, à voz do seu pastor, a juntar as suas forças às iniciativas diocesanas. Mas, para responder à necessidade das cidades e das regiões rurais, não confinem a sua cooperação aos limites da Paróquia ou da Diocese, mas esforcem-se por estendê-la ao âmbito interparoquial, interdiocesano, nacional ou internacional. Tanto mais que a crescente migração dos povos, o incremento de relações mútuas e a facilidade de comunicações já não permitem que parte alguma da sociedade permaneça fechada em si. Assim, devem interessar-se pelas necessidades do Povo de Deus disperso por toda a Terra".[35]

O recente Sínodo pediu, nesse sentido, que se favorecesse a criação dos *Conselhos Pastorais diocesanos,* a que se deveria recorrer conforme as oportunidades. Trata-se, na verdade, da principal forma de colaboração e de diálogo, bem como de discernimento, a nível diocesano. A participação dos fiéis leigos nestes Conselhos poderá aumentar o recurso à consulta, e o princípio da colaboração — que em determinados casos também é de decisão — e encontrará uma aplicação mais vasta e mais incisiva.[36]

---

[35] CONC. ECUM. VAT. II, Decr. sobre o apostolado dos leigos *Apostolicam actuositatem*, 10.

[36] Cf. *Propositio* 10.

A participação dos fiéis leigos nos *Sínodos diocesanos* e nos *Concílios particulares,* provinciais ou plenários, está contemplada no Código de Direito Canônico;[37] poderá contribuir para a comunhão e para a missão eclesial da Igreja particular, tanto no seu próprio âmbito, como em relação com as demais Igrejas particulares da Província eclesiástica ou da Conferência Episcopal.

As Conferências Episcopais são chamadas a descobrir a forma mais oportuna de desenvolver, a nível nacional ou regional, a consulta e a colaboração dos fiéis leigos, homens e mulheres: assim se poderão examinar bem os problemas comuns e melhor se manifestará a comunhão eclesial de todos.[38]

A paróquia

26. A comunhão eclesial, embora possua sempre uma dimensão universal, encontra a sua expressão mais imediata e visível na *Paróquia:* esta é a última localização da Igreja; é, em certo sentido, *a própria Igreja que vive no meio das casas dos seus filhos e das suas filhas.*[39]

---

[37] Cf. CIC, can. 443, § 4 e 463, § 1 e 2.

[38] *Propositio* 10.

[39] Lemos no Concílio: "Visto que na sua Igreja o Bispo não pode presidir pessoalmente sempre e em toda a parte a todo o seu rebanho, vê-se na necessidade de constituir agrupamentos de fiéis, entre os quais têm lugar proeminente as Paróquias, organizadas localmente sob a presidência dum pastor que faz as vezes do Bispo. As Paróquias representam, de algum modo, a Igreja visível espalhada por todo o mundo" (CONC. ECUM. VAT. II, Const. sobre a Sagrada Liturgia *Sacrosanctum Concilium*, 42).

É necessário que todos redescubramos, na fé, a verdadeira face da Paróquia, ou seja, o próprio "mistério" da Igreja presente e operante nela: embora, por vezes, pobre em pessoas e em meios, e outras vezes dispersa em territórios vastíssimos ou quase desaparecida no meio de bairros modernos populosos e caóticos, a Paróquia não é principalmente uma estrutura, um território, um edifício, mas é sobretudo "a família de Deus, como uma fraternidade animada pelo espírito de unidade",[40] é "uma casa de família, fraterna e acolhedora",[41] é a "comunidade de fiéis".[42] Em definitivo, a Paróquia está fundada sobre uma realidade teológica, pois ela é uma *comunidade eucarística*.[43] Isso significa que ela é uma comunidade idônea para celebrar a Eucaristia, na qual se situam a raiz viva do seu edificar-se e o vínculo sacramental do seu estar em plena comunhão com toda a Igreja. Essa idoneidade mergulha no fato de a Paróquia ser uma *comunidade de fé* e uma *comunidade orgânica,* isto é, constituída pelos ministros ordenados e pelos outros cristãos, na qual o pároco — que representa o Bispo diocesano —[44] é o vínculo hierárquico com toda a Igreja particular.

É deveras imenso o trabalho da Igreja nos nossos dias e, para realizá-lo, a Paróquia sozinha não pode bastar. Por

---

[40] CONC. ECUM. VAT. II, Const. dogm. sobre a Igreja *Lumen gentium*, 28.

[41] JOÃO PAULO II, Exort. Ap. *Catechesi tradendae*, 67: *AAS* 71 (1979), 1333.

[42] CIC, can. 515, § 1.

[43] Cf. *Propositio* 10.

[44] Cf. CONC. ECUM. VAT. II, Const. sobre a Sagrada Liturgia *Sacrosanctum Concilium*, 42.

isso, o Código de Direito Canônico prevê formas de colaboração entre paróquias no âmbito do território[45] e recomenda ao Bispo o cuidado de todas as categorias de fiéis, até das que não são atingidas pelo cuidado pastoral ordinário.[46]

De fato, muitos lugares e formas de presença e de ação são absolutamente necessários para levar a palavra e a graça do Evangelho às variadas condições de vida dos homens de hoje, e muitas outras funções de irradiação religiosa e de apostolado do ambiente, no campo cultural, social, educativo, profissional etc., não podem ter como centro ou ponto de partida a Paróquia. Todavia, a Paróquia ainda hoje vive uma fase nova e prometedora. Como dizia Paulo VI, no início do seu Pontificado, dirigindo-se ao Clero romano: "Acreditamos simplesmente que esta antiga a venerada estrutura da Paróquia tem uma missão indispensável de grande atualidade: pertence-lhe criar a primeira comunidade do povo cristão, iniciar e reunir o povo na expressão normal da vida litúrgica, conservar e reanimar a fé nas pessoas de hoje, dar-lhes a escola da doutrina salvadora de Cristo, praticar no sentir e na ação a humilde caridade das obras boas e fraternas".[47]

Os Padres sinodais, por sua vez, debruçaram-se cuidadosamente sobre a situação atual de muitas paróquias, pedindo para elas uma *mais decidida renovação:* "Muitas

---

[45] Cf. can. 555, § 1, 1.

[46] Cf. can. 383, § 1.

[47] PAULO VI, Discurso ao Clero romano (24 de junho de 1963): *AAS* 55 (1963), 674.

Paróquias, tanto nas zonas urbanas como em terras de missão, não conseguem funcionar plena e efetivamente por falta de meios materiais ou de homens ordenados, ou também pela excessiva extensão geográfica e pela especial condição de alguns cristãos (como, por exemplo, os refugiados e os emigrantes). Para que tais Paróquias sejam verdadeiramente comunidades cristãs, as autoridades locais devem favorecer: *a*) a adaptação das estruturas paroquiais à ampla flexibilidade concedida pelo Direito Canônico, sobretudo ao promover a participação dos leigos nas responsabilidades pastorais; *b*) as pequenas comunidades eclesiais de base, também chamadas comunidades vivas, onde os fiéis possam comunicar entre si a Palavra de Deus e exprimir-se no serviço e no amor; estas comunidades são autênticas expressões da comunhão eclesial e centros de evangelização, em comunhão com os seus Pastores...".[48] Para a renovação das paróquias e para melhor assegurar a sua eficácia operativa devem favorecer-se também formas institucionais de cooperação entre as diversas paróquias de um mesmo território.

O empenhamento apostólico na paróquia

27. Necessário se torna agora considerar mais de perto a comunhão e a participação dos fiéis leigos na vida da Paróquia. Nesse sentido deve chamar-se a atenção de todos os fiéis leigos, homens e mulheres, para uma observação tão

---

[48] *Propositio* 11.

verdadeira, significativa e estimulante, feita pelo Concílio: "No seio das comunidades da Igreja — lemos no Decreto sobre o apostolado dos leigos — a sua ação é tão necessária que, sem ela, o próprio apostolado dos pastores não pode conseguir, na maior parte das vezes, todo o seu efeito".[49] Esta é uma afirmação radical que, evidentemente, deve ser vista à luz da "eclesiologia de comunhão": sendo diferentes e complementares, os ministérios e os carismas são todos necessários para o crescimento da Igreja, cada um segundo a própria modalidade.

Os fiéis leigos devem convencer-se cada vez mais do particular significado que tem o empenhamento apostólico na sua Paróquia. É ainda o Concílio que com autoridade o sublinha: "A Paróquia dá-nos um exemplo claro de apostolado comunitário porque congrega numa unidade toda a diversidade humana que aí se encontra e insere essa diversidade na universalidade da Igreja. Habituem-se os leigos a trabalhar na Paróquia intimamente unidos aos seus sacerdotes, a trazer para a comunidade eclesial os próprios problemas e os do mundo e as questões que dizem respeito à salvação dos homens, para que se examinem e resolvam com o concurso de todos. Habituem-se a prestar auxílio a toda a iniciativa apostólica e missionária da sua comunidade eclesial na medida das próprias forças".[50]

---

[49] CONC. ECUM. VAT, II, Decr. sobre o apostolado dos leigos *Apostolicam actuositatem*, 10.

[50] Ibid.

O acento posto pelo Concílio na análise e na solução dos problemas pastorais "com o contributo de todos" deve encontrar o seu progresso adequado e estruturado na valorização cada vez mais convicta, ampla e decidida, dos *Conselhos pastorais paroquiais,* nos quais justamente insistiram os Padres sinodais.[51]

Nas atuais circunstâncias, os fiéis leigos podem e devem fazer muitíssimo para o crescimento de uma autêntica *comunhão eclesial* no seio das suas paróquias e para o despertar do *impulso missionário* em ordem aos não crentes e, mesmo, aos crentes que tenham abandonado ou arrefecido a prática da vida cristã.

A Paróquia, sendo a Igreja colocada no meio das casas dos homens, vive e atua profundamente integrada na sociedade humana e intimamente solidária com as suas aspirações e os seus dramas. Frequentemente, o contexto social, sobretudo em certos países e ambientes, é violentamente sacudido por forças de desagregação e de desumanização: o homem pode encontrar-se perdido e desorientado, mas no seu coração permanece o desejo, cada vez maior, de poder sentir e cultivar relações mais fraternas e humanas. A resposta a esse desejo pode ser dada pela Paróquia, quando esta, graças à participação viva dos fiéis leigos, se mantém coerente com a sua originária vocação e missão: ser no mundo "lugar" da comunhão dos crentes e, ao mesmo tempo, "sinal" e "instrumento" da vocação de todos para a comunhão; numa palavra, ser a casa que se

---

[51] Cf. *Propositio* 10.

abre para todos e que está ao serviço de todos, ou, como gostava de dizer o Papa João XXIII, *o fontanário da aldeia* a que todos acorrem na sua sede.

Formas de participação na vida da Igreja

28. Os fiéis leigos, juntamente com os sacerdotes, os religiosos e as religiosas, formam o único Povo de Deus e Corpo de Cristo.

Ser "membros" da Igreja nada tira ao fato de cada cristão ser um ser "único e irrepetível", antes, garante e promove o sentido mais profundo da sua unicidade e irrepetibilidade, enquanto é fonte de verdade e de riqueza para a Igreja inteira. Nesse sentido, Deus, em Jesus Cristo, chama cada qual pelo próprio e inconfundível nome. O convite do Senhor: "Ide vós também para a minha vinha" dirige-se a cada um pessoalmente e soa: "Vem também tu para a minha vinha"!

Assim, cada um na sua unicidade e irrepetibilidade, com o seu ser e o seu agir, põe-se ao serviço do crescimento da comunhão eclesial, como, por sua vez, recebe singularmente e faz sua a riqueza comum de toda a Igreja. Esta é a "Comunhão dos Santos", que nós professamos no Credo: o *bem de todos torna-se o bem de cada um e o bem de cada um torna-se o bem de todos*. "Na santa Igreja — escreve São Gregório Magno — cada um é apoio dos outros e os outros são seu apoio."[52]

---

[52] S. GREGÓRIO MAGNO, *Hom. in Ez.*, II, I, 5: *CCL* 142, 211.

Formas pessoais de participação

É absolutamente necessário que cada fiel leigo tenha sempre viva *consciência de ser um "membro da Igreja"*, a quem se confia um encargo original insubstituível e indelegável, que deverá desempenhar para o bem de todos. Numa tal perspectiva, assume todo o seu significado a afirmação conciliar sobre a *necessidade absoluta do apostolado de cada pessoa:* "O apostolado individual que deriva com abundância da fonte de uma vida verdadeiramente cristã (cf. Jo 4,14), é origem e condição de todo o apostolado dos leigos, mesmo do associado, e nada o pode substituir. A este apostolado, sempre e em toda a parte proveitoso e em certas circunstâncias o único conveniente e possível, são chamados e, por isso, obrigados todos os leigos, de qualquer condição, ainda que não se lhes proporcione ocasião ou possibilidade de cooperar nas associações".[53]

No apostolado individual existem grandes riquezas que precisam de ser descobertas em ordem a uma intensificação do dinamismo missionário de cada fiel leigo. Com essa forma de apostolado, a irradiação do Evangelho pode tornar-se mais *capilar,* chegando a tantos lugares e ambientes quanto os que estão ligados à vida quotidiana e concreta dos leigos. Trata-se, além disso, de uma irradiação *constante,* estando ligada à contínua coerência da vida pessoal com a fé; e também de uma irradiação particularmente *incisiva,* porque, na total partilha das condições de vida, do

---

[53] CONC. ECUM. VAT, II, Decr. sobre o apostolado dos leigos *Apostolicam actuositatem*, 16.

trabalho, das dificuldades e esperanças dos irmãos, os fiéis leigos podem atingir o coração dos seus vizinhos, amigos ou colegas, abrindo-o ao horizonte total, ao sentido pleno da existência: a comunhão com Deus e entre os homens.

Formas agregativas de participação

29. A comunhão eclesial, já presente e operante na ação do indivíduo, encontra uma expressão específica no operar associado dos fiéis leigos, isto é, na ação solidária que eles desenvolvem ao participar responsavelmente na vida e na missão da Igreja.

Nestes tempos mais recentes, o fenômeno da agregação dos leigos entre si assumiu formas de particular variedade e vivacidade. Se na história da Igreja tal fenômeno representou sempre uma linha constante, como o provam até aos nossos dias as várias confrarias, as ordens terceiras e os diversos sodalícios, ele recebeu, todavia, um notável impulso nos tempos modernos que têm visto o nascer e o irradiar de múltiplas formas agregativas: associações, grupos, comunidades, movimentos. Pode falar-se de *uma nova era agregativa* dos fiéis leigos. Com efeito, "ao lado do associativismo tradicional e, por vezes, nas suas próprias raízes, brotaram movimentos e sodalícios novos, com fisionomia e finalidade específicas: tão grande é a riqueza e a versatilidade de recursos que o Espírito infunde no tecido eclesial e tamanha é a capacidade de iniciativa e a generosidade do nosso laicado".[54]

---

[54] JOÃO PAULO II, *Angelus* (23 de agosto de 1987): *Insegnamenti*, X, 3 (1987), 240.

Estas agregações de leigos aparecem muitas vezes *bastante diferentes* umas das outras em vários aspectos, como a configuração exterior, os caminhos e métodos educativos e os campos operativos. Encontram, porém, as linhas de uma vasta e *profunda convergência* na finalidade que as anima: a de participar responsavelmente na missão da Igreja de levar o Evangelho de Cristo, qual fonte de esperança para o homem e de renovação para a sociedade.

A agregação dos fiéis leigos por motivos espirituais e apostólicos brota de várias fontes e vai ao encontro de diversas exigências: exprime, de fato, a natureza social da pessoa e obedece ao imperativo de uma mais vasta e incisiva eficácia operativa. Na verdade, a incidência "cultural" fonte e estímulo e, simultaneamente, fruto e sinal de todas as demais transformações do ambiente e da sociedade, só se pode alcançar com a ação, não tanto dos indivíduos, mas de um "sujeito social", isto é, com a ação de um grupo, de uma comunidade, de uma associação, de um movimento. E isso é particularmente verdade no contexto de um a sociedade pluralista e fragmentada — como é, em tantas partes do mundo, a atual — e perante os problemas tornados enormemente complexos e difíceis. Por outro lado, sobretudo num mundo secularizado, as várias formas agregativas podem representar para muitos uma ajuda preciosa em favor de uma vida cristã coerente, com as exigências do Evangelho e de um empenhamento missionário e apostólico.

Para além destes motivos, a razão profunda que justifica e exige o agregar-se dos fiéis leigos é de ordem teológica: uma *razão eclesiológica,* como abertamente reconhece o Concílio Vaticano II, ao apontar o apostolado associado como um *"sinal da comunhão e da unidade da Igreja em Cristo".*[55]

É um "sinal" que deve manifestar-se nas relações de "comunhão" tanto no interior como no exterior das várias formas agregativas, no mais vasto contexto da comunidade cristã. É a própria razão eclesiológica apontada que explica, por um lado o "direito" de agregação próprio dos fiéis leigos e, por outro, a necessidade de "critérios" de discernimento sobre a autenticidade eclesial das suas formas agregativas.

Antes de mais, é necessário reconhecer-se a *liberdade associativa dos fiéis leigos* na Igreja. Essa liberdade constitui um verdadeiro e próprio direito que não deriva de uma espécie de "concessão" da autoridade, mas que promana do Batismo, qual sacramento que chama os fiéis leigos para participarem ativamente na comunhão e na missão da Igreja. O Concílio é muito explícito a este propósito: "Respeitada a devida relação com a autoridade eclesiástica, os leigos têm o direito de fundar associações, dirigi-las e dar nome às já existentes".[56] E o recente Código textualmente diz: "Os fiéis podem livremente fundar e dirigir associações para fins de caridade ou de piedade,

---

[55] CONC. ECUM. VAT, II, Decr. sobre o apostolado dos leigos *Apostolicam actuositatem*, 18.

[56] Ibid., 19; cf. também ibid., 15; CONC. ECUM. VAT. II, Const. dogm. sobre a Igreja *Lumen gentium,* 37.

ou para fomentar a vocação cristã no mundo, e reunir-se para alcançar em comum esses mesmos fins".[57]

Trata-se de uma liberdade reconhecida e garantida pela autoridade eclesiástica e que deve ser exercida sempre e só na comunhão da Igreja: nesse sentido o direito dos fiéis leigos em agregar-se é essencialmente relativo à vida de comunhão e missão e à própria Igreja.

Critérios de eclesialidade para as agregações laicais

30. É sempre na perspectiva da comunhão e da missão da Igreja e não, portanto, em contraste com a liberdade associativa, que se compreende a necessidade de *claros e precisos critérios de discernimento e de reconhecimento* das agregações laicais, também chamados "critérios de eclesialidade".

Como critérios fundamentais para o discernimento de toda e qualquer agregação dos fiéis leigos na Igreja, podem considerar-se de forma unitária, os seguintes:

— *O primado dado à vocação de cada cristão à santidade,* manifestado "nos frutos da graça que o Espírito produz nos fiéis"[58] como crescimento para a plenitude da vida cristã e para a perfeição da caridade.[59]

---

[57] CIC, can. 215.

[58] CONC. ECUM. VAT. II, Const. dogm. sobre a Igreja *Lumen gentium*, 39.

[59] Cf. ibid., 40.

Nesse sentido, toda e qualquer agregação de fiéis leigos é chamada a ser sempre e cada vez mais instrumento de santidade na Igreja, favorecendo e encorajando "uma unidade mais íntima entre a vida prática dos membros e a própria fé".[60]

— *A responsabilidade em professar a fé católica,* acolhendo e proclamando a verdade sobre Cristo, sobre a Igreja e sobre o homem, em obediência ao Magistério da Igreja, que autenticamente a interpreta. Por isso, toda a agregação de fiéis leigos deve ser lugar de anúncio e de proposta da fé e de educação na mesma, no respeito pelo seu conteúdo integral.

— *O testemunho de uma comunhão sólida e convicta,* em relação filial com o Papa, centro perpétuo e visível da unidade da Igreja universal,[61] e com o Bispo "princípio visível e fundamento da unidade" da Igreja particular,[62] e na "estima recíproca entre todas as formas de apostolado na Igreja".[63]

A comunhão com o Papa e com o Bispo é chamada a exprimir-se na disponibilidade leal em aceitar os seus ensinamentos doutrinais e orientações pastorais. A comunhão eclesial exige, além disso, que se reconheça a

---

[60] CONC. ECUM. VAT. II, Decr. sobre o apostolado dos leigos *Apostolicam actuositatem*, 19.

[61] CONC. ECUM. VAT. II, Const. dogm. sobre a Igreja *Lumen gentium*, 23.

[62] Ibid.

[63] CONC. ECUM. VAT. II, Decr. sobre o apostolado dos leigos *Apostolicam actuositatem*, 23.

legítima pluralidade das formas agregativas dos fiéis leigos na Igreja e, simultaneamente, a disponibilidade para a sua recíproca colaboração.

— *A conformidade e a participação na finalidade apostólica da Igreja,* que é a evangelização e a santificação dos homens e a formação cristã das suas consciências, de modo a conseguir permear de espírito evangélico as várias comunidades e os vários ambientes.[64]

Nesta linha, exige-se de todas as formas agregativas de fiéis leigos, e de cada um deles, um entusiasmo missionário que as torne, sempre e cada vez mais, sujeitos de uma nova evangelização.

— *O empenho de uma presença na sociedade humana* que, à luz da doutrina social da Igreja, se coloque ao serviço da dignidade integral do homem.

Assim, as agregações dos fiéis leigos devem converter-se em correntes vivas de participação e de solidariedade para construir condições mais justas e fraternas no seio da sociedade.

Os critérios fundamentais acima expostos encontram a sua verificação nos *frutos concretos* que acompanham a vida e as obras das diversas formas associativas, tais como: o gosto renovado pela oração, a contemplação, a vida litúrgica e sacramental; a animação pelo florescimento de vocações ao matrimônio cristão, ao sacerdócio ministerial,

---

[64] Ibid., 20.

à vida consagrada; a disponibilidade em participar nos programas e nas atividades da Igreja, tanto em nível local como nacional ou internacional; o empenhamento catequético e a capacidade pedagógica de formar os cristãos; o impulso em ordem a uma presença cristã nos vários ambientes da vida social e a criação e animação de obras caritativas, culturais e espirituais; o espírito de desapego e de pobreza evangélica em ordem a uma caridade mais generosa para com todos; as conversões à vida cristã ou o regresso à comunhão por parte de batizados "afastados".

O serviço dos Pastores para a comunhão

31. Os Pastores na Igreja, mesmo perante possíveis e compreensíveis dificuldades de algumas formas agregativas e perante novas formas, que se vão impondo, não podem abdicar do serviço da sua autoridade, não apenas pelo bem da Igreja, mas até pelo bem dessas mesmas agregações laicais. Nesse sentido, eles devem acompanhar a sua ação de discernimento com a orientação e, sobretudo, com o encorajamento em ordem a um crescimento das agregações dos fiéis leigos na comunhão e na missão da Igreja.

É sem dúvida oportuno que algumas novas associações e alguns novos movimentos, pela sua difusão, muitas vezes, nacional e até internacional, venham a receber um *reconhecimento oficial,* uma aprovação explícita da competente autoridade eclesiástica. Nesse sentido, já dizia o Concílio: "O apostolado dos leigos admite diversos modos de relação com a Hierarquia, segundo as suas várias formas e seus objetivos... Certas formas de apostolado dos leigos são, de diversos modos, expressamente reconhecidas pela Hierarquia. Além disso, a autoridade eclesiástica, tendo em conta as exigências do bem da Igreja, pode escolher de entre as várias associações e iniciativas apostólicas com um fim diretamente espiritual, algumas em particular, e promovê-las de um modo especial, assumindo sobre elas uma maior responsabilidade".[65]

Entre as várias formas de apostolado dos leigos, que têm uma particular relação com a Hierarquia, os Padres sinodais expressamente mencionaram vários movimentos e associações de *Ação Católica,* onde "os leigos se associam livremente de forma orgânica e estável, sob o impulso do Espírito Santo, na comunhão com o Bispo e com os sacerdotes, de forma a poderem servir, no estilo próprio da sua vocação, com um método particular, o crescimento de toda a comunidade cristã, os projetos pastorais e a animação evangélica de todos os âmbitos da vida, com fidelidade e operosidade".[66]

Foi confiado ao Pontifício Conselho dos Leigos o encargo de elaborar um elenco das associações que recebem a aprovação oficial da Santa Sé e de definir, em colaboração com o Secretariado da Unidade dos Cristãos, as condições segundo as quais se pode aprovar uma associação ecumênica, onde a maioria seja católica ao lado de

---

[65] Ibid., 24.
[66] *Propositio* 13.

uma minoria não católica, estabelecendo também em que casos se não pode dar parecer positivo.[67]

Todos, Pastores e fiéis, temos a obrigação de favorecer e de alimentar constantemente os vínculos e as relações fraternas de estima, cordialidade e colaboração entre as várias formas agregativas de leigos. Só assim, a riqueza dos dons e dos carismas que o Senhor nos dá pode dar o seu contributo fecundo e ordenado para a edificação da casa comum: "Para se edificar solidariamente a casa comum, é preciso, além do mais, depor todo o espírito de antagonismo e de disputa, e que a competição se faça, antes, na estima mútua (cf. Rm 12,10), na recíproca antecipação do afeto e na vontade de colaboração, com a paciência, a abertura de visão, a disponibilidade para o sacrifício, que isso, por vezes, pode comportar".[68]

Voltamos de novo às palavras de Jesus: "Eu sou a videira e vós as vides" (Jo 15,5), para darmos graças a Deus pelo grande *dom* da comunhão eclesial, que reflete no tempo a comunhão eterna e inefável do amor de Deus Uno e Trino. A consciência do dom deve ser acompanhada de um grande sentido de *responsabilidade:* trata-se, com efeito, de um dom que, à semelhança do talento evangélico, deve ser posto a render numa vida de crescente comunhão.

---

[67] Cf. *Propositio* 15.

[68] JOÃO PAULO II, Discurso no Convênio da Igreja italiana em Loreto (10 de abril de 1985): *AAS* 77 (1985), 964.

Ser responsáveis do dom da comunhão significa, antes de mais, empenharmo-nos na vitória sobre toda a tentação de divisão e de contraposição que ameaça a vida e o empenhamento apostólico dos cristãos. O grito de dor e de estranheza do apóstolo Paulo: "Refiro-me ao fato de cada um de vós dizer: "Eu sou de Paulo", "Eu, porém, sou de Apolo", "E eu sou de Cefas", "E eu de Cristo"! Foi Cristo por ventura dividido?" (1Cor 1,12-13) continua a ecoar como repreensão pelas "feridas feitas ao Corpo de Cristo". Ressoem, antes, como apelo persuasivo estas outras palavras do apóstolo: "Exorto-vos, irmãos, no nome de nosso Senhor Jesus Cristo, a serdes unânimes no falar, para que não haja divisões entre vós, mas vivais em perfeita união de pensamento e de propósitos" (1Cor 1,10).

Assim, a vida de comunhão eclesial torna-se um *sinal* para o mundo e uma *força* de atração que leva à fé em Cristo: "Como tu, ó Pai, estás em mim e eu em ti, que também eles estejam em nós, para que o mundo creia que tu me enviaste" (Jo 17,21). Dessa maneira, a comunhão abre-se para a *missão* e converte-se ela própria em missão.

CAPÍTULO III

CONSTITUÍ-VOS PARA IRDES
E DARDES FRUTO

*A corresponsabilidade dos fiéis leigos
na Igreja-Missão*

Comunhão missionária

32. Retomemos a imagem bíblica da videira e dos ramos. Ela leva-nos, de forma imediata e espontânea, à consideração da fecundidade e da vida. Radicados e vivificados pela videira, os ramos são chamados a dar fruto: "Eu sou a videira e vós os ramos. *Quem permanece em mim e eu nele dá muito fruto*" *(*Jo 15,5). Dar fruto é uma exigência essencial da vida cristã e eclesial. Quem não dá fruto não permanece na comunhão: "Toda a vide que em mim não dá fruto (o meu Pai) corta-a" (Jo 15,2).

A comunhão com Jesus, donde promana a comunhão dos cristãos entre si, é condição absolutamente indispensável para dar fruto: "Sem mim não podeis fazer nada" (Jo 15,5). E a comunhão com os outros é o fruto mais lindo que as vides podem dar: ela é, na verdade, um dom de Cristo e do seu Espírito.

Ora, a *comunhão gera comunhão* e reveste essencialmente a forma de *comunhão missionária*. Jesus, de fato, diz aos seus discípulos: "Não fostes vós que me escolhestes; fui eu que vos escolhi e *vos constituí para irdes e dardes fruto* e para que o vosso fruto permaneça" (Jo 15,16).

A comunhão e a missão estão profundamente ligadas entre si, compenetram-se e integram-se mutuamente, a ponto de *a comunhão representar a fonte e, simultaneamente, o fruto da missão: a comunhão é missionária e a missão é para a comunhão.* É sempre o único e mesmo Espírito que convoca e une a Igreja e que a manda pregar o Evangelho "até aos confins da terra" (At 1,8). Por sua vez, a Igreja sabe que a comunhão, recebida em dom, tem um destino universal. Assim, a Igreja sente-se devedora à humanidade inteira e a cada um dos homens do dom recebido do Espírito, que derrama nos corações dos crentes a caridade de Jesus Cristo, força prodigiosa de coesão interna e, ao mesmo tempo, de expansão externa. A missão da Igreja deriva da sua própria natureza, tal como Cristo a quis: ser "sinal e instrumento... de unidade de todo o gênero humano".[1] Essa missão tem por finalidade dar a conhecer a todos e fazer com que todos vivam a "nova" comunhão que, no Filho de Deus feito homem, entrou na história do mundo. Nesse sentido, o testemunho do evangelista João já define, de forma irrevogável, a meta beatificante para onde se encaminha toda a missão da Igreja: "O que vimos e ouvimos, isso vos anunciamos, para que também vós tenhais comunhão conosco. A nossa comunhão é com o Pai e com o seu Filho Jesus Cristo" (1Jo 1,3).

---

[1] CONC. ECUM. VAT. II, Const. dogm. sobre a Igreja *Lumen gentium*, 1.

Ora, no contexto da missão da Igreja o *Senhor confia aos fiéis leigos, em comunhão com todos os outros membros do Povo de Deus, uma grande parte de responsabilidade*. Tinham disso plena consciência os Padres do Concílio Vaticano II: "Os sagrados Pastores conhecem, com efeito, perfeitamente quanto os leigos contribuem para o bem de toda a Igreja. Pois eles próprios sabem que não foram instituídos por Jesus Cristo para se encarregarem por si sós de toda a missão salvadora da Igreja para com o mundo, mas que o seu cargo sublime consiste em pastorear de tal modo os fiéis e de tal modo reconhecer os seus serviços e carismas, que todos, cada um segundo o seu modo próprio, cooperem na obra comum".[2] Essa consciência reapareceu, depois, com renovada clareza e com maior vigor, em todos os trabalhos do Sínodo.

Anunciar o Evangelho

33. Os fiéis leigos, precisamente por serem membros da Igreja, têm por vocação e por missão anunciar o Evangelho: para essa obra foram habilitados e nela empenhados pelos sacramentos da iniciação cristã e pelos dons do Espírito Santo.

Leiamos um texto claro e denso do Concílio Vaticano II: "Porque participam no múnus sacerdotal, profético e real de Cristo, os leigos têm parte ativa na vida e na ação da Igreja... Fortalecidos pela participação ativa na

---

[2] Ibid., 30.

vida litúrgica da comunidade, empenham-se nas obras apostólicas da mesma. Conduzem à Igreja os homens que porventura andem longe, cooperam intensamente na comunicação da Palavra de Deus, sobretudo pela atividade catequética, e tornam mais eficaz, com o contributo da sua competência, a cura de almas e até a administração dos bens da Igreja".[3]

Ora, é na *evangelização* que se concentra e se desenrola toda a missão da Igreja, cujo percurso histórico se faz sob a graça e ordem de Jesus Cristo: "Ide por todo o mundo e pregai o Evangelho a toda a criatura... Eis que eu estou convosco todos os dias até ao fim do mundo" (Mt 16,15; cf. Mt 28,20). "Evangelizar — escreve Paulo VI — é a graça e a vocação própria da Igreja, a sua identidade mais profunda."[4]

Com a evangelização, a Igreja é construída e plasmada como *comunidade de fé:* mais precisamente, como comunidade de uma fé *confessada* na adesão à Palavra de Deus, *celebrada* nos sacramentos e *vivida* na caridade, como alma da existência moral cristã. Com efeito, a "boa--nova" tende a suscitar no coração e na vida do homem a conversão e a adesão pessoal a Jesus Cristo Salvador e Senhor; dispõe ao Batismo e à Eucaristia e consolida-se no propósito e na realização da nova vida segundo o Espírito.

---

[3] CONC. ECUM. VAT. II, Decr. sobre o apostolado dos leigos *Apostolicam actuositatem*, 10.

[4] PAULO VI, Exort. Ap. *Evangelii nuntiandi,* 14: *AAS* 68 (1976), 13.

Sem dúvida, a ordem de Jesus: "Ide e pregai o Evangelho" conserva sempre a sua validade e está cheia de uma urgência que não passa. Todavia, a *situação atual,* não só do mundo mas também de tantas partes da Igreja, *exige absolutamente que à palavra de Cristo se preste uma obediência mais pronta e generosa.* Todo o discípulo é chamado em primeira pessoa; nenhum discípulo pode eximir-se a dar a sua própria resposta: "Ai de mim se não evangelizar" (1Cor 9,16).

Chegou a hora de nos lançarmos numa nova evangelização

34. Países inteiros e nações, onde a religião e a vida cristã foram em tempos tão prósperas e capazes de dar origem a comunidades de fé viva e operosa, encontram-se hoje sujeitos a dura prova, e, por vezes, até são radicalmente transformados pela contínua difusão do indiferentismo, do secularismo e do ateísmo. É o caso, em especial, dos países e das nações do chamado Primeiro Mundo, onde o bem-estar econômico e o consumismo, embora à mistura com tremendas situações de pobreza e de miséria, inspiram e permitem viver "como se Deus não existisse". Ora, a indiferença religiosa e a total insignificância prática de Deus nos problemas, mesmo graves, da vida não são menos preocupantes e subversivos do que o ateísmo declarado. E também a fé cristã, mesmo sobrevivendo em algumas manifestações tradicionais e ritualistas, tende a desaparecer nos momentos mais significativos da existência, como são os momentos do nascer, do sofrer e do morrer. Daí que se levantem interrogações e enigmas tremendos, que, ao ficarem sem resposta, expõem o homem contemporâneo à desilusão desconfortante e à tentação de eliminar a mesma vida humana que levanta esses problemas.

Noutras regiões ou nações, porém, conservam-se bem vivas ainda tradições de piedade e de religiosidade popular cristã; mas, esse patrimônio moral e espiritual corre hoje o risco de esbater-se sob o impacto de múltiplos processos, entre os quais sobressaem a secularização e a difusão das seitas. Só uma nova evangelização poderá garantir o crescimento de uma fé límpida e profunda, capaz de converter tais tradições numa força de liberdade autêntica.

É urgente, sem dúvida, refazer em toda a parte o tecido cristão da sociedade humana. Mas, a condição é a de *se refazer o tecido cristão das próprias comunidades eclesiais* que vivem nesses países e nessas nações.

Ora, os fiéis leigos, por força da sua participação no múnus profético de Cristo, estão plenamente envolvidos nessa tarefa da Igreja. Pertence-lhes, em particular, dar testemunho de como a fé cristã, mais ou menos conscientemente ouvida e invocada por todos, seja a única resposta plenamente válida para os problemas e as esperanças que a vida põe a cada homem e a cada sociedade. Será isso possível, se os fiéis leigos souberem ultrapassar em si mesmos a ruptura entre o Evangelho e a vida, refazendo na sua quotidiana atividade em família, no trabalho e na sociedade, a unidade de uma vida que no Evangelho encontra inspiração e força para se realizar em plenitude.

Repito mais uma vez a todos os homens contemporâneos o grito apaixonado com que iniciei o meu serviço pastoral: *"Não tenhais medo! Abri, ou antes, escancarai as portas a Cristo!* Abri ao seu poder salvador os confins dos Estados, os sistemas econômicos assim como os políticos, os vastos campos da cultura, da civilização, do progresso. Não tenhais medo! Cristo sabe bem 'o que está dentro do homem'. Só ele o sabe! Hoje em dia muito frequentemente o homem não sabe o que traz no interior de si mesmo, no profundo do seu ânimo e do seu coração. Muito frequentemente se encontra incerto acerca do sentido da sua vida sobre esta Terra. E sucede que é invadido pela dúvida que se transforma em desespero. Permiti, pois — peço-vos e vo-lo imploro com humildade e confiança —, deixai que Cristo fale ao homem. Só ele tem palavras de vida; sim, de vida eterna".[5]

Escancarar a porta a Cristo, acolhê-lo no espaço da própria humanidade, não é, de modo algum, ameaça para o homem, mas antes, é a única estrada a percorrer, se quisermos reconhecer o homem na sua verdade total e exaltá-lo nos seus valores.

A síntese vital que os fiéis leigos souberem fazer entre o Evangelho e os deveres quotidianos da vida será o

---

[5] JOÃO PAULO II, Homilia ao início do ministério de Supremo Pastor da Igreja (22 de outubro de 1978): *AAS* 70 (1978), 947.

testemunho mais maravilhoso e convincente de que não é o medo, mas a procura e a adesão a Cristo, que são o fator determinante para que o homem viva e cresça, e para que se alcancem novas formas de viver mais conformes com a dignidade humana.

O homem é amado por Deus! Este é o mais simples e o mais comovente anúncio de que a Igreja é devedora ao homem. A palavra e a vida de cada cristão podem e devem fazer ecoar este anúncio: Deus ama-te, Cristo veio por ti, para ti Cristo é "Caminho, Verdade, Vida" (Jo 14,6)!

Esta nova evangelização, dirigida, não apenas aos indivíduos mas a inteiras faixas de população, nas suas diversas situações, ambientes e culturas, tem por fim *formar comunidades eclesiais maduras,* onde, a fé desabroche e realize todo o seu significado originário de adesão à pessoa de Cristo e ao seu Evangelho, de encontro e de comunhão sacramental com ele, de existência vivida na caridade e no serviço.

Os fiéis leigos têm a sua parte a desempenhar na formação de tais comunidades eclesiais, não só com uma participação ativa e responsável na vida comunitária e, portanto, com o seu insubstituível testemunho, mas também com o entusiasmo e com a ação missionária dirigida a quantos não creem ainda ou já não vivem a fé recebida no Batismo.

Em relação às novas gerações, os fiéis leigos devem dar um precioso contributo, necessário como nunca, com uma *obra sistemática de catequese:* os Padres sinodais acolheram com gratidão o trabalho dos catequistas, reconhecendo que eles "têm uma tarefa de grande importância na animação das comunidades eclesiais".[6] É verdade que os pais cristãos são os primeiros e insubstituíveis catequistas dos próprios filhos, habilitados que o foram para isso pelo sacramento do Matrimônio, mas, ao mesmo tempo, devemos todos ter consciência do direito que assiste a todo o batizado de ser instruído, educado, acompanhado na fé e na vida cristã.

Ide por todo o mundo

35. A Igreja, ao aperceber-se e ao viver a urgência atual de uma nova evangelização, não pode eximir-se da *missão permanente de levar o Evangelho a quantos* — e são milhões e milhões de homens e mulheres — *não conhecem ainda a Cristo Redentor do homem.* Esta é a tarefa mais especificamente missionária que Jesus confiou e continua todos os dias a confiar à sua Igreja.

A ação dos fiéis leigos, que, aliás, nunca faltou neste campo, aparece hoje cada vez mais necessária e preciosa. Na verdade, a ordem do Senhor "Ide por todo o mundo" continua a encontrar muitos leigos generosos, prontos a deixar o seu ambiente de vida, o seu trabalho, a sua região ou pátria, para ir, ao menos por um certo tempo, para zonas de missão. Mesmo casais cristãos, a exemplo de Áquila

---

[6] *Propositio* 10.

e Priscila (cf. At 18; Rm 16,3s.), oferecem o confortante testemunho de amor apaixonado por Cristo e pela Igreja com a sua presença ativa em terras de missão. Autêntica presença missionária é também a daqueles que, vivendo por vários motivos em países ou ambientes onde a Igreja ainda não foi estabelecida, dão o testemunho da sua fé.

Mas, o problema missionário apresenta-se hoje à Igreja com tal amplitude e gravidade que só se todos os membros da Igreja o assumirem de forma verdadeiramente solidária e responsável, tanto singularmente como em comunidade, é que se poderá confiar numa resposta mais eficaz.

O convite que o Concílio Vaticano II dirigiu às Igrejas particulares conserva todo o seu valor, ou antes, reclama hoje um acolhimento mais amplo e mais decidido: "A Igreja particular, devendo representar na forma mais perfeita a Igreja universal, tenha plena consciência de ser enviada também àqueles que não acreditam em Cristo".[7]

A Igreja deve dar hoje um *grande passo em frente* na sua evangelização, deve entrar *numa nova etapa histórica* do seu dinamismo missionário. Num mundo que, com o encurtar das distâncias, se torna sempre mais pequeno, as comunidades eclesiais devem ligar-se entre si, trocar energias e meios, empenhar-se juntas na missão, única e comum, de anunciar e de viver o Evangelho. "As Igrejas

---

[7] CONC. ECUM. VAT. II, Decr. sobre a atividade missionária da Igreja *Ad gentes,* 20; cf. também ibid., 37.

ditas mais jovens — disseram os Padres sinodais — têm necessidade da força das mais antigas, enquanto que estas precisam do testemunho e do entusiasmo das mais jovens, de forma que cada Igreja beneficie das riquezas das outras Igrejas".[8]

Nesta nova etapa, a formação, não só do clero local mas também de um laicato maduro e responsável, coloca-se nas novas Igrejas como elemento essencial e obrigatório da *plantatio Ecclesiae*.[9] Dessa forma, as próprias comunidades evangelizadas lançam-se para novas paragens do mundo a fim de responderem, também elas, à missão de anunciar e testemunhar o Evangelho de Cristo.

Os fiéis leigos, com o exemplo da sua vida e com a própria ação, podem favorecer o melhoramento das relações entre os adeptos das *diferentes religiões,* como oportunamente observaram os Padres sinodais: "Hoje, a Igreja vive em toda a parte entre homens de religiões diferentes. Todos os fiéis, especialmente os leigos que vivem no meio de povos de outras religiões, tanto nas terras de origem como em terras de emigração, devem constituir para estes um sinal do Senhor e da sua Igreja, de maneira adaptada às circunstâncias de vida de cada lugar. O diálogo entre as religiões tem uma importância fundamental, pois conduz ao amor e ao respeito recíproco, elimina, ou ao menos,

---

[8] *Propositio* 29.

[9] Cf. CONC. ECUM. VAT. II, Decr. sobre a atividade missionária da Igreja *Ad gentes*, 21.

atenua os preconceitos entre os adeptos das várias religiões e promove a unidade e a amizade entre os povos".[10]

Para evangelizar o mundo são necessários, antes de mais, os *evangelizadores*. Por isso, todos, a começar pelas famílias cristãs, devem sentir a responsabilidade de favorecer o despertar e o amadurecer de *vocações especificamente missionárias,* tanto sacerdotais e religiosas como laicais, recorrendo a todos os meios oportunos e sem nunca esquecer o meio privilegiado da oração, conforme a própria palavra do Senhor Jesus: "A seara é grande, mas os trabalhadores são poucos. Rezai, pois, ao dono da seara que mande trabalhadores para a sua seara!" *(*Mt 9,37-38).

Viver o Evangelho
servindo a pessoa e a sociedade

36. Ao anunciar e ao acolher o Evangelho na força do Espírito, a Igreja torna-se comunidade evangelizada e evangelizadora e, precisamente por isso, faz-se *serva dos homens.* Nela, os fiéis leigos participam na missão de servir a pessoa e a sociedade. É verdade que a Igreja tem como fim supremo o Reino de Deus, do qual ela "constitui na terra o gérmen e o início",[11] e, portanto, está inteiramente consagrada à glorificação do Pai. Mas, o Reino é fonte de libertação plena e de salvação total para os homens: com

---

[10] *Propositio* 30 bis.

[11] CONC. ECUM. VAT. II, Const. dogm. sobre a Igreja *Lumen gentium*, 5.

estes, portanto, a Igreja caminha e vive, real e intimamente solidária com a sua história.

Tendo recebido o encargo de manifestar ao mundo o mistério de Deus, que brilha em Jesus Cristo, ao mesmo tempo, a *Igreja descobre o homem ao homem,* esclarece-o acerca do sentido da sua existência, abre-o à verdade total acerca dele e do seu destino.[12] Nesta perspectiva, a Igreja é chamada, em virtude da sua própria missão evangelizadora, a servir o homem. Tal serviço tem a sua raiz primeiramente no fato prodigioso e empolgante de que, "com a encarnação, o Filho de Deus uniu-se de certa forma a todo o homem".[13]

Por isso, o homem "é o primeiro caminho que a Igreja deve percorrer no desempenho da sua missão: ele é o *caminho primeiro e fundamental da Igreja,* caminho traçado pelo próprio Cristo, caminho que imutavelmente passa através do mistério da Encarnação e da Redenção".[14]

Precisamente neste sentido se pronunciou repetidas vezes e com singular clareza e vigor o Concílio Vaticano II nos seus diversos documentos. Releiamos um texto particularmente iluminador da Constituição *Gaudium et spes*: "A Igreja, ao procurar o seu fim salvífico próprio, não se limita a comunicar ao homem a vida divina; espalha sobre todo o mundo os reflexos da sua luz, sobretudo enquanto

---

[12] Cf. CONC. ECUM. VAT. II, Const. past. sobre a Igreja no mundo contemporâneo *Gaudium et spes*, 22.

[13] Ibid.

[14] JOÃO PAULO II, Encicl. *Redemptor hominis*, 14: *AAS* 71 (1979), 284-285.

cura e eleva a dignidade da pessoa humana, consolida a coesão da sociedade e dá um sentido mais profundo à quotidiana atividade dos homens. A Igreja pensa, assim, que por meio de cada um dos seus membros e por toda a sua comunidade, muito pode ajudar para tornar mais humana a família dos homens e a sua história".[15]

Neste contributo à família dos homens, de que é responsável a Igreja inteira, cabe aos fiéis leigos um lugar de relevo, em razão da sua "índole secular", que os empenha, com modalidades próprias e insubstituíveis, na animação cristã da ordem temporal.

Promover a dignidade da pessoa

37. *Descobrir e ajudar a descobrir a dignidade inviolável de cada pessoa humana* constitui uma tarefa essencial, diria mesmo em certo sentido, a tarefa central e unificadora do serviço que a Igreja, e nela os fiéis leigos, são chamados a prestar à família dos homens.

De todas as criaturas terrenas, *só o homem é "pessoa", sujeito consciente e livre* e, precisamente por isso, "centro e vértice" de tudo o que existe sobre a terra.[16]

A dignidade pessoal é *o bem mais precioso* que o homem tem, graças ao qual ele transcende em valor todo o mundo material. A palavra de Jesus: "Que serve ao homem

---

[15] CONC. ECUM. VAT. II, Const. past. sobre a Igreja no mundo contemporâneo *Gaudium et spes*, 40.

[16] Cf. ibid., 12.

ganhar o mundo inteiro, se depois perde a sua alma?" (Mc 8,36) implica uma afirmação antropológica luminosa e estimulante: o homem vale não por aquilo que "tem" — mesmo que ele possuísse o mundo inteiro —, mas por aquilo que "é". Não são tanto os bens do mundo que contam, mas o bem da pessoa, o bem que é a própria pessoa.

A dignidade da pessoa aparece em todo o seu fulgor, quando se consideram a sua origem e o seu destino: criado por Deus à sua imagem e semelhança e remido pelo sangue preciosíssimo de Cristo, o homem é chamado a tornar-se "filho no Filho" e templo vivo do Espírito, e tem por destino a vida eterna da comunhão beatífica com Deus. Por isso, toda a violação da dignidade pessoal do ser humano clama por vingança junto de Deus e torna-se ofensa ao Criador do homem.

Em virtude da sua dignidade pessoal, o ser humano é *sempre um valor em si e por si,* e exige ser considerado e tratado como tal, e nunca ser considerado e tratado como um objeto que se usa, um instrumento, uma coisa.

A dignidade pessoal constitui *o fundamento da igualdade de todos os homens entre si.* Daí a absoluta recusa de todas as mais variadas formas de discriminação que, infelizmente, continuam a dividir e a humilhar a família humana, desde as raciais e econômicas às sociais e culturais, das políticas às geográficas, etc. Toda a discriminação é uma injustiça absolutamente intolerável, não tanto pelas tensões e conflitos que pode gerar no tecido social, quanto pela desonra feita à dignidade da pessoa: não só à dignidade daquele que é vítima da injustiça, mas ainda mais à daquele que pratica essa injustiça.

Fundamento da igualdade de todos os homens entre si, a dignidade pessoal é, ao mesmo tempo, o *fundamento da participação e da solidariedade dos homens entre si:* o diálogo e a comunhão têm a sua raiz última naquilo que os homens "são", antes e mais ainda do que naquilo que eles "têm".

A dignidade pessoal é propriedade indestrutível de *cada ser humano*. É fundamental compreender-se toda a força que irrompe desta afirmação, que se baseia na *unicidade* e na *irrepetibilidade de toda a pessoa*. Dela deriva que o indivíduo seja irredutível a tudo o que o queira esmagar e anulá-lo no anonimato da coletividade, da instituição, da estrutura, do sistema. A pessoa, na sua individualidade, não é um número, não é o anel de uma cadeia, nem uma peça da engrenagem de um sistema. A afirmação mais radical e exaltante do valor de cada ser humano foi feita pelo Filho de Deus ao encarnar no seio de uma mulher. E disto continua a falar-nos o Natal cristão.[17]

---

[17] "Se celebramos com tanta solenidade o Nascimento de Jesus, fazemo-lo para dar testemunho de que o homem é alguém, único e irrepetível. Se as nossas estatísticas humanas, as catalogações humanas, os humanos sistemas políticos, econômicos e os sociais e as simples possibilidades humanas não conseguem garantir ao homem que ele possa nascer, viver e agir como um ser único e irrepetível, então, tudo isso lhe assegura Deus. Para ele e diante dele, o homem é sempre único e irrepetível; alguém que foi desde toda a eternidade ideado e escolhido; alguém que é chamado e denominado pelo próprio nome" (JOÃO PAULO II, Primeira radiomensagem natalícia ao mundo: *AAS* 71 [1979], 66).

Venerar o inviolável direito à vida

38. O reconhecimento efetivo da dignidade pessoal de cada ser humano exige o *respeito, a defesa e a promoção dos direitos da pessoa humana*. Trata-se de direitos naturais, universais e invioláveis: ninguém, nem o indivíduo, nem o grupo, nem a autoridade, nem o Estado, pode modificar e muito menos eliminar esses direitos que emanam do próprio Deus.

Ora, a inviolabilidade da pessoa, reflexo da inviolabilidade absoluta do próprio Deus, tem a sua primeira e fundamental expressão na *inviolabilidade da vida humana*. É totalmente falsa e ilusória a comum defesa, que aliás justamente se faz, dos direitos humanos — como por exemplo o direito à saúde, à casa, ao trabalho, à família e à cultura—, se não se defende com a máxima energia o *direito à vida,* como primeiro e fontal direito, condição de todos os outros direitos da pessoa.

A Igreja nunca se deu por vencida perante todas as violações que o direito à vida, que é próprio de cada ser humano, tem sofrido e continua a sofrer, tanto por parte dos indivíduos como mesmo até por parte das próprias autoridades. O titular desse direito é o ser humano, *em todas as fases do seu* desenvolvimento, desde a concepção até à morte natural, e *em todas as suas condições,* tanto de saúde como de doença, de perfeição ou de deficiência, de riqueza ou de miséria. O Concílio Vaticano II afirma abertamente: "Tudo quanto se opõe à vida, como seja toda a espécie de homicídio, genocídio, aborto, a integridade da pessoa humana, como as mutilações, os tormentos corporais e mentais e as tentativas para violentar as próprias consciências; tudo quanto ofende a dignidade da pessoa humana, como as condições de vida infra-humanas, as prisões arbitrárias, as deportações, a escravidão, a prostituição, o comércio de mulheres e de jovens; e também as condições degradantes de trabalho, em que os operários são tratados como meros instrumentos de lucro e não como pessoas livres e responsáveis; todas estas coisas e outras semelhantes são, sem dúvida, infamantes; ao mesmo tempo que corrompem a civilização humana, desonram mais aqueles que assim procedem, do que os que as padecem, e ofendem gravemente a honra devida ao Criador".[18]

Ora, se a todos pertencem a missão e a responsabilidade de reconhecer a dignidade pessoal de cada ser humano e de defender o seu direito à vida, certos fiéis leigos são a isso chamados por um título particular: são *os pais, os educadores, os agentes da saúde e todos os que detêm o poder econômico e político.*

Ao aceitar amorosa e generosamente toda a vida humana, sobretudo se fraca e doente, a Igreja vive hoje um momento fundamental da sua missão, tanto mais necessária quanto mais avassaladora se tornou uma "cultura de morte". De fato, "a Igreja firmemente acredita que a vida humana, mesmo se fraca e sofredora, é sempre um dom

---

[18] CONC. ECUM. VAT. II, Const. past. sobre a Igreja no mundo contemporâneo *Gaudium et spes*, 27.

maravilhoso do Deus da bondade. Contra o pessimismo e o egoísmo, que ensombram o mundo, a Igreja está do lado da vida: e em cada vida humana ela consegue descobrir o esplendor daquele 'Sim', daquele 'Amém', que é o próprio Cristo (cf. 2Cor 1,19; Ap 3,14). Ao 'não' que avassala e aflige o mundo, contrapõe esse vivo 'Sim', defendendo dessa maneira o homem e o mundo daqueles que ameaçam e mortificam a vida".[19] Pertence aos fiéis leigos, que mais diretamente ou por vocação ou por profissão se ocupam do acolher a vida, tornar concreto e eficaz o "sim" da Igreja à vida humana.

Nas fronteiras da vida humana abrem-se hoje novas possibilidades e responsabilidades com o enorme progresso das *ciências biológicas e médicas,* aliado ao surpreendente *poder tecnológico:* o homem, com efeito, é já capaz, não só de "observar" mas também de "manipular" a vida humana no seu início e nas primeiras fases de seu desenvolvimento.

A consciência moral da humanidade não pode ficar alheia ou indiferente perante os passos gigantescos dados por uma força tecnológica que consegue ter um domínio cada vez mais vasto e profundo sobre os dinamismos que presidem à procriação e às primeiras fases do desenvolvimento da vida humana. Talvez nunca como hoje e neste campo, *a sabedoria se revela como única âncora de salvação,* para que o homem, na investigação científica e na aplicada, possa agir sempre com

---

[19] JOÃO PAULO II, Exort. Ap. *Familiaris consortio*, 30: *AAS* 74 (1982), 116.

inteligência e com amor, isto é, no respeito, diria mesmo na veneração, da inviolável dignidade pessoal de todo o ser humano, desde o primeiro instante da sua existência. Isso acontece quando, usando meios lícitos, a ciência e a técnica se empenham na defesa da vida e na cura da doença, desde os inícios, recusando, no entanto — pela própria dignidade da investigação —, intervenções que se tornem perturbadoras do patrimônio genético do indivíduo e da geração humana.[20]

Os fiéis leigos que, a qualquer título ou a qualquer nível, se empenham na ciência e na técnica, bem como na esfera médica, social, legislativa e econômica, devem *corajosamente enfrentar os "desafios" que lhes lançam os novos problemas da bioética*. Como disseram os Padres sinodais, "os cristãos devem exercer a sua responsabilidade como donos da ciência e da tecnologia, não como seus escravos... Em ordem a esses 'desafios' morais, que estão para serem lançados pela nova e imensa força da tecnologia e que põem em perigo, não só os direitos fundamentais dos homens, mas a própria essência biológica da espécie humana, é da máxima importância que os leigos cristãos — com a ajuda de toda a Igreja — tomem a peito o enquadramento da cultura nos princípios de um humanismo autêntico, de forma que a promoção e a defesa dos direitos do homem possam encontrar fundamento dinâmico e seguro na sua

---

[20] Cf. Congregação para a Doutrina da Fé, Instrução *Donum vitae* sobre o respeito pela vida humana que nasce e a dignidade da procriação. Respostas a algumas questões de atualidade (22 de fevereiro de 1987): *AAS* 80 (1988), 70-102.

própria essência, aquela essência que a pregação evangélica revelou aos homens".[21]

É urgente que todos, hoje, estejam alertados para o fenômeno da concentração do poder, e, em primeiro lugar, do poder tecnológico. Tal concentração tende, com efeito, a manipular, não só a essência biológica, mas também os conteúdos da própria consciência dos homens e os seus padrões de vida, agravando, assim, a discriminação e a marginalização de povos inteiros.

Livres de invocar o nome do Senhor

39. O respeito da dignidade pessoal, que comporta a defesa e a promoção dos direitos humanos, exige que se reconheça a dimensão religiosa do homem. Não se trata de uma exigência meramente "confessional", mas sim, de uma exigência que mergulha a sua raiz inextirpável na própria realidade do homem. A relação com Deus é, na verdade, elemento constitutivo do próprio "ser" e "existir" do homem: é em Deus que nós "vivemos, nos movemos e existimos" (At 17,28). Se nem todos acreditam nesta verdade, todos os que dela estão convencidos têm o direito de serem respeitados na sua fé e nas opções de vida, individual e comunitária, que dela derivam. Este é o *direito à liberdade de consciência e à liberdade religiosa,* cujo efetivo reconhecimento está entre os bens mais elevados e entre os deveres mais graves de todo o povo que queira

---

[21] *Propositio* 36.

verdadeiramente assegurar o bem da pessoa e da sociedade: "A liberdade religiosa, exigência insuprimível da dignidade de todos e de cada um dos homens, constitui uma pedra angular do edifício dos direitos humanos; e, portanto, é um fator insubstituível do bem das pessoas e de toda a sociedade, assim como da realização pessoal de cada um. Disto resulta, consequentemente, que a liberdade das pessoas consideradas individualmente e das comunidades professarem e praticarem a própria religião é um elemento essencial da convivência pacífica dos homens... O direito civil e social à liberdade religiosa, ao atingir a esfera mais íntima do espírito, torna-se ponto de referência e, de certo modo, a medida dos outros direitos fundamentais".[22]

O Sínodo não se esqueceu dos muitos irmãos e irmãs que ainda não gozam desse direito e que têm de enfrentar dificuldades, marginalizações, sofrimentos, perseguições e, por vezes, a morte por causa da confissão da fé. São, na sua maioria, irmãos e irmãs do laicato cristão. O anúncio do Evangelho e o testemunho cristão da vida no sofrimento e no martírio são o ápice do apostolado dos discípulos de Cristo, assim como o amor ao Senhor Jesus até ao dom da própria vida constitui uma fonte de fecundidade extraordinária para a edificação da Igreja. A mística videira mostra, assim, a sua vitalidade, como sublinhava Santo Agostinho: "Mas essa videira, como fora preanunciado pelos Profetas e pelo próprio Senhor, que espalhava pelo mundo inteiro as

---

[22] JOÃO PAULO II, Mensagem para o 21º dia mundial da paz (8 de dezembro de 1987): *AAS* 80 (1988), 278 e 280.

suas vides carregadas de fruto, tanto mais vicejava quanto mais a regava o abundante sangue dos mártires".[23]

A Igreja inteira sente-se profundamente grata com esse exemplo e com esse dom: desses seus filhos ela tira razões para renovar o seu impulso de vida santa e apostólica.

Nesse sentido, os Padres sinodais consideraram seu especial dever "agradecer àqueles leigos que vivem quais incansáveis testemunhas da fé, em união fiel com a Sé Apostólica, apesar das restrições à liberdade e da falta de ministros sagrados. Eles jogam tudo, até a própria vida. Dessa maneira, os leigos dão testemunho de uma propriedade essencial da Igreja: a Igreja de Deus nasce da graça de Deus e a forma mais sublime de o manifestar é o martírio".[24]

Quanto até aqui dissemos sobre o respeito pela dignidade pessoal e sobre o reconhecimento dos direitos humanos, prende-se, sem dúvida, com a responsabilidade de cada cristão, de cada homem. Mas, devemos imediatamente sublinhar como isso se revista hoje de uma *dimensão mundial:* trata-se, de fato, de uma questão que já atinge grupos humanos inteiros, até povos inteiros, que são violentamente espezinhados nos seus direitos fundamentais. Daí aquelas formas de desigualdade de progresso entre os diversos Mundos que na recente Encíclica *Sollicitudo rei socialis* foram abertamente denunciadas.

---

[23] S. AGOSTINHO, *De Catech. Rud.*, XXIV, 44: CCL 46, 168.

[24] *Propositio* 32.

O respeito pela pessoa humana ultrapassa a exigência de uma moral individual e coloca-se como critério de base, quase como pilar fundamental, na estruturação da própria sociedade, sendo a sociedade inteiramente finalizada para a pessoa.

Assim, intimamente ligada à responsabilidade de *servir a pessoa* põe-se a responsabilidade de *servir a sociedade,* qual tarefa geral daquela animação cristã da ordem temporal a que os fiéis leigos são chamados segundo as modalidades próprias e específicas.

A família, primeiro espaço para o empenhamento social

40. A pessoa humana tem uma natural e estrutural dimensão social enquanto é chamada, desde o seu íntimo, à *comunhão* com os outros e à *doação* aos outros: "Deus, que cuida paternalmente de todos, quis que os homens formassem uma só família e se tratassem entre si com espírito de irmãos".[25] E, assim, a *sociedade,* fruto e sinal da *sociabilidade* do homem, mostra a sua verdade plena ao constituir-se *comunhão de pessoas.*

Dá-se interdependência e reciprocidade entre a pessoa e a sociedade: tudo o que for feito em favor da pessoa é também serviço feito à sociedade, e tudo o que for realizado em favor da sociedade reverte-se em benefício da pessoa.

---

[25] CONC. ECUM. VAT. II, Const. past. sobre a Igreja no mundo contemporâneo *Gaudium et spes*, 24.

Por isso, o empenhamento apostólico dos fiéis leigos na ordem temporal adquire sempre e de forma indissolúvel um significado de serviço ao homem indivíduo na sua unicidade e irrepetibilidade e um significado de serviço a todos os homens.

Ora, a primeira e originária expressão da dimensão social da pessoa é o *casal e a família:* "Deus não criou o homem para o deixar sozinho; desde o princípio "homem e mulher os criou" (Gn 1,27) e a sua união constitui a primeira expressão de comunhão de pessoas".[26] Jesus mostrou-se preocupado em restituir ao casal a sua inteira dignidade (Mt 19,3-9) e à família a sua própria solidez (Mt 19,4-6); São Paulo mostrou a relação profunda do matrimônio com o mistério de Cristo e da Igreja (Ef 5,22-4, 6; Cl 3,18-21; cf. 1Pd 3,1-7).

O casal e a família constituem o *primeiro espaço para o empenhamento social dos fiéis leigos*. Trata-se de um empenho que só poderá ser desempenhado adequadamente na convicção do valor único e insubstituível da família para o progresso da sociedade e da própria Igreja.

Berço da vida e do amor, onde o homem "nasce" e "cresce", a família é a célula fundamental da sociedade. Deve reservar-se a essa comunidade uma solicitude privilegiada, sobretudo quando o egoísmo humano, as campanhas contra a natalidade, as políticas totalitárias, e também as situações de pobreza e de miséria física, cultural e moral,

---

[26] Ibid., 12.

bem como a mentalidade edonista e consumista conseguem extinguir as fontes da vida, e onde as ideologias e os diversos sistemas, aliados a formas de desinteresse e de falta de amor, atentam contra a função educativa própria da família.

É urgente, portanto, realizar uma ação vasta, profunda e sistemática, apoiada não só na cultura, mas também nos meios econômicos e nos instrumentos legislativos, destinada a assegurar à família a sua função de ser o *lugar primário da "humanização"* da pessoa e da sociedade.

A ação apostólica dos fiéis leigos consiste, antes de mais, em tornar a família consciente da sua identidade de primeiro núcleo social de base e do seu papel original na sociedade, para que a própria família se torne cada vez mais *protagonista ativa e responsável* do seu crescimento e da sua participação na vida social. Dessa forma, a família poderá e deverá exigir de todos, a começar pelas autoridades públicas, o respeito por aqueles direitos que, salvando a família, salvam a mesma sociedade.

O que se escreveu na Exortação *Familiaris consortio* sobre a participação no progresso da sociedade[27] e o que a Santa Sé, a convite do Sínodo dos Bispos de 1980, formulou com a "Carta dos Direitos da Família" representa um programa operativo completo e orgânico para todos os fiéis leigos que, a qualquer título, estão interessados

---

[27] Cf. JOÃO PAULO II, Exort. Ap. *Familiaris consortio*, 42-48: *AAS* 74 (1982), 134-140.

na promoção dos valores e das exigências da família: um programa cuja realização deve impor-se com tanta maior urgência e decisão quanto mais graves se fazem as ameaças à estabilidade e à fecundidade da família e quanto mais forte e sistemática se tornar a tentativa de marginalizar a família e de a esvaziar do seu peso social.

Como a experiência ensina, a civilização e a solidez dos povos dependem sobretudo da qualidade humana das próprias famílias. Assim, a ação apostólica em favor da família adquire um valor social incomparável. A Igreja, por sua parte, está profundamente convencida disso, bem sabendo que "o futuro da humanidade passa através da família".[28]

A caridade, alma e sustentáculo da solidariedade

41. O serviço feito à sociedade exprime-se e concretiza-se de variadíssimas maneiras: desde as livres e informais às institucionais, desde a ajuda dada aos indivíduos à que se destina aos vários grupos e comunidades de pessoas.

Toda a Igreja, como tal, é diretamente chamada ao serviço da caridade: "A santa Igreja, assim como nos seus primeiros tempos, juntando a 'ágape' à ceia eucarística, se mostrava toda unida à volta de Cristo pelo vínculo da caridade, assim em todos os tempos se pode reconhecer por este sinal do amor. E alegrando-se com as realizações alheias, ela reserva para si, como dever e direito próprios, que não

---

[28] Ibid., 85: *AAS* 74 (1982), 188.

pode alienar, as obras de caridade. Por isso, a misericórdia para com os pobres e enfermos e as chamadas obras de caridade e de mútuo auxílio para socorrer as múltiplas necessidades humanas são pela Igreja honradas de modo especial".[29] *A caridade para com o próximo,* nas expressões antigas e sempre novas das obras de misericórdia corporais e espirituais, representa o conteúdo mais imediato, comum e habitual da animação cristã da ordem temporal que constitui o empenho específico dos fiéis leigos.

Com a caridade para com o próximo, os fiéis leigos vivem e manifestam a sua participação na realeza de Jesus Cristo, isto é, no poder do Filho do homem que "não veio para ser servido, mas para servir" (Mc 10,45): vivem e manifestam essa realeza na forma mais simples que é possível a todos e sempre e, ao mesmo tempo, na forma mais digna, pois a caridade é o dom mais alto que o Espírito dá em ordem à edificação da Igreja (1Cor 13,13) e ao bem da humanidade. *A caridade,* com efeito, *anima e sustenta a solidariedade ativa que olha para a totalidade das necessidades do ser humano.*

Uma caridade assim, atuada não só pelos indivíduos, mas também, de forma solidária, pelos grupos e pelas comunidades, é e será sempre necessária: nada e ninguém a pode e poderá substituir, nem sequer as múltiplas instituições e iniciativas públicas, que também se esforçam por

---

[29] CONC. ECUM. VAT. II, Decr. sobre o apostolado dos leigos *Apostolicam actuositatem*, 8.

dar resposta às carências — muitas vezes hoje tão graves e generalizadas — de uma população. Paradoxalmente, essa caridade é tanto mais necessária quanto mais as instituições, ao tornarem-se complexas na organização e pretendendo gerir todos os espaços disponíveis, acabam por se esvaziar devido ao funcionalismo impessoal, à burocracia exagerada, aos interesses privados injustos e ao desinteresse fácil e generalizado.

Precisamente neste contexto, continuam a aparecer e a espalhar-se, sobretudo nas sociedades organizadas, diversas *formas de voluntariado* que se traduzem numa multiplicidade de serviços e de obras. Se for vivido na sua verdade de serviço desinteressado ao bem das pessoas, especialmente as mais carecidas e as mais abandonadas dos próprios serviços sociais, o voluntariado deve ser visto como sendo uma importante expressão de apostolado, onde os fiéis leigos, homens e mulheres, desempenham um papel de primeiro plano.

Todos destinatários e protagonistas da política

42. A caridade que ama e serve a pessoa nunca poderá estar dissociada da *justiça:* uma e outra, cada qual à sua maneira, exigem o pleno reconhecimento efetivo dos direitos da pessoa, a que é ordenada a sociedade com todas as suas estruturas e instituições.[30]

---

[30] Sobre a relação entre justiça e misericórdia, cf. a Encíclica *Dives in misericordia*, 12: *AAS* 72 (1980), 1215-1217.

Para animar cristãmente a ordem temporal, no sentido que se disse de servir a pessoa e a sociedade, os fiéis leigos *não podem absolutamente abdicar da participação na "política"*, ou seja, da múltipla e variada ação econômica, social, legislativa, administrativa e cultural, destinada a promover orgânica e institucionalmente *o bem comum*. Como repetidamente afirmaram os Padres sinodais, todos e cada um têm o direito e o dever de participar na política, embora em diversidade e complementariedade de formas, níveis, funções e responsabilidades. As acusações de arrivismo, idolatria de poder, egoísmo e corrupção que muitas vezes são dirigidas aos homens do governo, do parlamento, da classe dominante ou partido político, bem como a opinião muito difusa de que a política é um lugar de necessário perigo moral, não justificam minimamente nem o cepticismo nem o absenteísmo dos cristãos pela coisa pública.

Pelo contrário, é muito significativa a palavra do Concílio Vaticano II: "A Igreja louva e aprecia o trabalho de quantos se dedicam ao bem da nação e tomam sobre si o peso de tal cargo, ao serviço dos homens".[31]

Uma política em favor da pessoa e da sociedade tem o seu *critério de base* na *busca do bem comum*, como bem de *todos os* homens e do homem *todo,* bem oferecido e garantido para ser livre e responsavelmente aceito

---

[31] CONC. ECUM. VAT. II, Const. past. sobre a Igreja no mundo contemporâneo *Gaudium et spes*, 75.

pelas pessoas, tanto individualmente como em grupo "A comunidade política — lemos na Constituição *Gaudium et spes* — existe precisamente em vista do bem comum; nele ela encontra a sua completa justificação e significado e dele deriva o seu direito natural e próprio. Quanto ao bem comum, ele compreende o conjunto das condições de vida social que permitem aos indivíduos, famílias e associações alcançar mais plena e facilmente a própria perfeição".[32]

Além disso, uma política em favor da pessoa e da sociedade encontra a sua *linha constante de ação* na *defesa e* na *promoção da justiça,* entendida como "virtude" para a qual todos devem ser educados e como "força" moral que apoia o empenho em favorecer os direitos e os deveres de todos e de cada um, na base da dignidade pessoal do ser humano.

No exercício do poder político é fundamental o *espírito de serviço,* único capaz de, ao lado da necessária competência e eficiência, tornar "transparente" ou "limpa" a atividade dos homens políticos, como aliás o povo justamente exige. Isso pressupõe a luta aberta e a decidida superação de certas tentações, tais como, o recurso à deslealdade e à mentira, o desperdício do dinheiro público em vantagem de uns poucos e com miras de clientela, o uso de meios equívocos ou ilícitos para a todo custo conquistar, conservar e aumentar o poder.

---

[32] Ibid., 74.

Os fiéis leigos empenhados na política devem certamente respeitar a autonomia das realidades terrenas, retamente entendida, como lemos na Constituição *Gaudium et spes*: "É de grande importância, sobretudo onde existe uma sociedade pluralista, que se tenha uma concepção exata das relações entre a comunidade política e a Igreja, e ainda que se distingam claramente as atividades que os fiéis, isoladamente ou em grupo, desempenham em próprio nome como cidadãos guiados pela sua consciência de cristãos, e aquelas que eles exercem em nome da Igreja e em união com os seus pastores. A Igreja que, em razão da sua missão e competência, de modo algum se confunde com a sociedade nem está ligada a qualquer sistema político determinado, é, ao mesmo tempo, o sinal e salvaguarda da transcendência da pessoa humana".[33] Simultaneamente — e hoje se sente-o com urgência e responsabilidade — os fiéis leigos devem dar testemunho daqueles valores humanos e evangélicos que estão intimamente ligados à própria atividade política, como a liberdade e a justiça, a solidariedade, a dedicação fiel e desinteressada ao bem de todos, o estilo simples de vida, o amor preferencial pelos pobres e pelos últimos. Isso exige que os fiéis leigos sejam cada vez mais animados de uma real participação na vida da Igreja e iluminados pela sua doutrina social. Para isso poder-lhes-á ser de apoio e de ajuda a familiaridade com as comunidades cristãs e com os seus Pastores.[34]

---

[33] Ibid., 76.

[34] Cf. *Propositio* 28.

Estilo e meio de realizar uma política que tenha em vista o verdadeiro progresso humano é a *solidariedade:* esta pede a *participação* ativa e responsável de todos na vida política, desde os cidadãos individualmente aos vários grupos, sindicatos e partidos: todos e cada um somos simultaneamente destinatários e protagonistas da política. Neste campo, como escrevi na Encíclica *Sollicitudo rei socialis,* a solidariedade "não é um sentimento de vaga compaixão ou de enternecimento superficial pelos males sofridos por tantas pessoas, próximas ou distantes. Pelo contrário, é a *determinação firme e perseverante* de se empenhar pelo b*em comum; ou* seja, pelo bem de todos e de cada um, porque *todos nós somos verdadeiramente responsáveis por todos".*[35]

A solidariedade política deve hoje se atuar num horizonte que, superando uma simples nação ou um simples bloco de nações, assuma uma dimensão mais propriamente continental e mundial.

O fruto da atividade política solidária, a que todos tanto aspiram, e, todavia, sempre tão imperfeito, é a *paz.* Os fiéis leigos não podem ficar indiferentes, estranhos e indolentes diante de tudo o que negue ou comprometa a paz: violência e guerra, tortura e terrorismo, campos de concentração, militarização da política, corrida aos armamentos, ameaça nuclear. Antes, como discípulos de Cristo "Príncipe da paz" (Is 9,5) e "Nossa Paz" (Ef 2,14), os fiéis

---

[35] JOÃO PAULO II, Encicl. *Sollicitudo rei socialis*, 38: *AAS* 80 (1988), 565-566.

leigos devem assumir o dever de serem "construtores de paz" (Mt 5,9), tanto com a conversão do "coração", como com a ação em favor da verdade, da liberdade, da justiça e da caridade que são os fundamentos irrenunciáveis da paz.[36]

Colaborando com todos aqueles que procuram verdadeiramente a paz e servindo-se dos específicos organismos e instituições nacionais e internacionais, os fiéis leigos deverão promover uma capilar ação educativa destinada a neutralizar a dominante cultura do egoísmo, do ódio, da vingança e da inimizade e a desenvolver a cultura da solidariedade em todos os níveis. Tal solidariedade, com efeito, *é caminho para a paz e simultaneamente para o progresso*".[37] Nesta ordem de ideias, os Padres sinodais convidaram todos os cristãos a recusar formas inaceitáveis de violência, a promover comportamentos de diálogo e de paz e a empenhar-se na instauração de uma ordem social e internacional justa.[38]

Pôr o homem no centro da vida econômico-social

43. O serviço prestado à sociedade pelos fiéis leigos tem um seu momento essencial na *questão econômico-social,* cuja chave é dada pela organização do *trabalho.*

A gravidade atual de tais problemas, individuada no panorama do progresso e segundo a proposta de solução

---

[36] Cf. JOÃO XXIII, Encicl. *Pacem in terris: AAS* 55 (1963), 265-266.

[37] JOÃO PAULO II, Encicl. *Sollicitudo rei socialis*, 39: *AAS* 80 (1988), 568.

[38] Cf. *Propositio* 26.

oferecida pela doutrina social da Igreja, foi recordada recentemente na Encíclica *Sollicitudo rei socialis*, que quero vivamente recomendar a todos, em especial aos fiéis leigos.

Entre os princípios fundamentais da doutrina social da Igreja encontra-se o do *destino universal dos bens: os* bens da terra são, no desígnio de Deus, oferecidos a todos os homens e a cada um deles como meio do desenvolvimento de uma vida autenticamente humana. A *propriedade privada* que, precisamente por isso, possui uma *intrínseca função social,* está ao serviço desse destino. Concretamente o *trabalho* do homem e da mulher representa o instrumento mais comum e mais imediato para o progresso da vida econômica, instrumento que constitui simultaneamente um direito e um dever de cada homem.

Tudo isto faz parte, de modo particular, da missão dos fiéis leigos. O fim e o critério da sua presença e da sua ação são, em termos gerais, formulados pelo Concílio Vaticano II: "Também na vida econômica e social se devem respeitar e promover a dignidade e a vocação integral da pessoa humana e o bem de toda a sociedade. Com efeito, o homem é o protagonista, o centro e o fim de toda a vida econômico-social".[39]

No contexto das importantes transformações em curso no mundo da economia e do trabalho, os fiéis leigos, empenhem-se em primeira linha na solução dos gravíssimos

---

[39] CONC. ECUM. VAT. II, Const. past. sobre a Igreja no mundo contemporâneo *Gaudium et spes*, 63.

problemas do crescente desemprego, lutando em favor de uma mais rápida superação das numerosas injustiças que provêm de deficientes organizações do trabalho, transformando o lugar de trabalho numa comunidade de pessoas respeitadas na sua subjetividade e no seu direito à participação, desenvolvendo novas formas de solidariedade entre aqueles que tomam parte no trabalho comum, fomentando novos tipos de empresariedade e revendo os sistemas de comércio, de finança e de intercâmbios tecnológicos.

Em vista de tais objetivos, os fiéis leigos deverão executar o seu trabalho com competência profissional, com honestidade humana, espírito cristão, como meio da própria santificação,[40] segundo o convite explícito do Concílio: "Com o seu trabalho, o homem sustenta de ordinário a própria vida e a dos seus; por meio dele se une e serve os seus irmãos, pode exercer uma caridade autêntica e colaborar no acabamento da criação divina. Mais ainda, sabemos que, oferecendo a Deus o seu trabalho, o homem se associa à obra redentora de Cristo, o qual conferiu ao trabalho uma dignidade sublime, trabalhando com as suas próprias mãos em Nazaré".[41]

Em relação com a vida econômico-social e com o trabalho, levanta-se hoje, de forma cada vez mais aguda, a chamada *questão "ecológica"*. Sem dúvida, o homem

---

[40] Cf. *Propositio* 24.

[41] CONC. ECUM. VAT. II, Const. past. sobre a Igreja no mundo contemporâneo *Gaudium et spes,* 67. Cf. JOÃO PAULO II, Encicl. *Laborem exercens*, 24-27: *AAS* 73 (1981), 637-647.

recebeu do próprio Deus a missão de "dominar" as coisas criadas e de "cultivar o jardim" do mundo; mas, esta é uma tarefa que o homem deve desempenhar no respeito pela imagem divina que recebeu e, portanto, com inteligência e com amor: deve sentir-se responsável pelos dons que Deus lhe deu e continuamente lhe dá. O homem tem nas suas mãos um dom para transmitir — e, possivelmente, mesmo melhorado — às gerações futuras, também elas destinatárias dos dons do Senhor: "O domínio conferido ao homem pelo Criador não é um poder absoluto, nem se pode falar de liberdade de 'usar e abusar' ou de dispor das coisas como melhor agrade. A limitação imposta pelo mesmo Criador, desde o princípio, e expressa simbolicamente com a proibição de 'comer o fruto da árvore' (cf. Gn 2,16s.), mostra com suficiente clareza que, nas relações com a natureza visível, nós estamos submetidos a leis, não só biológicas mas também morais, que não podem impunemente ser transgredidas. Uma justa concepção do desenvolvimento não pode prescindir destas considerações — relativas ao uso dos elementos da natureza, às possibilidades de renovação dos recursos e às consequências de uma industrialização desordenada — as quais propõem uma vez mais à nossa consciência a *dimensão moral,* que deve distinguir o desenvolvimento".[42]

---

[42] JOÃO PAULO II, Encicl. *Sollicitudo rei socialis*, 34: *AAS* 80 (1988), 560.

Evangelizar a cultura e as culturas do homem

44. O serviço à pessoa e à sociedade humana exprime-se e realiza-se através da *criação e transmissão da cultura,* que, especialmente nos nossos dias, constitui uma das mais graves tarefas da convivência humana e da evolução social. A luz do Concílio, entendemos por "cultura" todos aqueles "meios com que o homem afina e usa os seus múltiplos dons de alma e de corpo; procura submeter ao seu poder, com o saber e o trabalho, o próprio cosmos; torna mais humana a vida social, tanto na família como em toda a sociedade civil, com o progresso do costume e das instituições; enfim, no decorrer do tempo, exprime, comunica aos outros e conserva nas suas obras, para que sejam de proveito a muitos e mesmo a humanidade inteira, as suas grandes experiências espirituais e as suas aspirações".[43]

Nesse sentido, a cultura deve ser considerada como o bem comum de cada povo, a expressão da sua dignidade, liberdade e criatividade; o testemunho do seu percurso histórico. Em particular, só dentro e através da cultura, é que a fé cristã se torna histórica e criadora de história.

Perante o progresso de uma cultura que aparece divorciada não só da fé cristã mas até dos próprios valores humanos,[44] bem como perante uma certa cultura científica e tecnológica incapaz de dar resposta à premente procura

---

[43] CONC. ECUM. VAT. II, Const. past. sobre a Igreja no mundo contemporâneo *Gaudium et spes*, 53.

[44] Cf. *Propositio* 35.

de verdade e de bem que arde no coração dos homens, a Igreja tem plena consciência da urgência pastoral de se dar à cultura uma atenção toda especial.

Por isso, a Igreja pede aos fiéis leigos que estejam presentes, em nome da coragem e da criatividade intelectual, nos lugares privilegiados da cultura, como são o mundo da escola e da universidade, os ambientes da investigação científica e técnica, os lugares da criação artística e da reflexão humanística. Tal presença tem como finalidade não só o reconhecimento e a eventual purificação dos elementos da cultura existente, criticamente avaliados, mas também a sua elevação, graças ao contributo das originais riquezas do Evangelho e da fé cristã. O que o Concílio Vaticano II escreve sobre a relação entre o Evangelho e a cultura representa um fato histórico constante e, simultaneamente, um ideal de ação de singular atualidade e urgência; é um programa empenhativo que se impõe à responsabilidade pastoral da Igreja inteira e, nela, à responsabilidade específica dos fiéis leigos: "A boa-nova de Cristo renova continuamente a vida e a cultura do homem decaído, combate e elimina os erros e males nascidos da permanente sedução e ameaça do pecado. Purifica sem cessar e eleva os costumes dos povos... Desse modo, a Igreja, só com realizar a própria missão, já com isso mesmo estimula e ajuda a civilização e, com a sua atividade, também a litúrgica, educa o homem para a liberdade interior".[45]

---

[45] CONC. ECUM. VAT. II, Const. past. sobre a Igreja no mundo contemporâneo *Gaudium et spes*, 58.

Merecem ser aqui ouvidas de novo certas expressões particularmente significativas da Exortação *Evangelii nuntiandi* de Paulo VI: "A Igreja evangeliza quando, unicamente firmada na potência divina da Mensagem que proclama (cf. Rm 1,16; 1Cor 1,18; 2,4), procura converter, ao mesmo tempo, a consciência pessoal e coletiva dos homens, a atividade a que se dedicam e a vida e o meio concreto que lhes são próprios. Estratos da humanidade que se transformam: para a Igreja não se trata tanto de pregar o Evangelho a espaços geográficos cada vez mais vastos ou populações maiores em dimensões de massa, mas de chegar a atingir e como que a modificar pela força do Evangelho os critérios de julgar, os valores que contam, os centros de interesse, as linhas de pensamento, as fontes inspiradoras e os modelos de vida da humanidade, que se apresentam em contraste com a Palavra de Deus e com o desígnio da salvação. Poder-se-ia exprimir tudo isto dizendo: importa evangelizar — não de maneira decorativa, como que aplicando um verniz superficial, mas de maneira vital, em profundidade e isto até às suas raízes — a cultura e as culturas do homem... A ruptura entre o Evangelho e a cultura é, sem dúvida, o drama da nossa época, como o foi também de outras épocas. Importa, assim, envidar todos os esforços no sentido de uma generosa evangelização da cultura, ou, mais exatamente, das culturas".[46]

---

[46] PAULO VI, Exort. Ap. *Evangelii nuntiandi,* 18-20: AAS 68 (1976), 18-19.

O caminho que hoje se privilegia para a criação e a transmissão da cultura é o dos *instrumentos da comunicação social*.[47] Também o mundo dos "mass media", na sequência do acelerado progresso das inovações e da influência, ao mesmo tempo planetária e capilar, sobre a formação da mentalidade e do costume, constitui uma nova fronteira da missão da Igreja. Em particular, a responsabilidade profissional dos fiéis leigos neste campo, exercida, tanto a título pessoal como através de iniciativas e instituições comunitárias, deve ser reconhecida em todo o seu valor e apoiada com mais adequados recursos materiais, intelectuais e pastorais.

No uso e na recepção dos instrumentos de comunicação, tornam-se urgentes tanto uma ação educativa em ordem ao sentido crítico, animado da paixão pela verdade, como uma ação de defesa da liberdade, do respeito pela dignidade pessoal, da elevação da autêntica cultura dos povos, com a recusa, firme e corajosa, de toda a forma de monopolização e de manipulação.

Não deve ficar por esta ação de defesa a responsabilidade pastoral dos fiéis leigos: em todos os caminhos do mundo, também nos principais da imprensa, do cinema, da rádio, da televisão e do teatro, deve anunciar-se o Evangelho que salva.

---

[47] Cf. *Propositio* 37.

Capítulo IV

OS TRABALHADORES DA VINHA DO SENHOR

*Bons administradores da multiforme
graça de Deus*

A variedade das vocações

45. Segundo a parábola evangélica, o "proprietário"
chama os trabalhadores para a sua vinha nas *várias horas
do dia:* alguns, ao amanhecer; outros, às nove da manhã;
outros ainda, por volta do meio dia e das três da tarde; os
últimos, cerca das cinco (cf. Mt 20,1ss.). Ao comentar esta
página do Evangelho, São Gregório Magno interpreta as
várias horas da chamada relacionando-as com as *idades
da vida:* "é possível aplicar a diversidade das horas — escreve ele — às diversas idades do homem. O amanhecer
pode certamente representar, nesta nossa interpretação, a
infância. A hora tércia, por sua vez, pode entender-se como
sendo a adolescência: o sol dirige-se para o alto do céu, isto
é, cresce o ardor da idade. A hora sexta é a juventude: o sol
está como que no zênite do céu, isto é, nesta idade reforça-se
a plenitude do vigor. A idade adulta representa a hora nona,
porque, como o sol declina do seu alto, assim esta idade
começa a perder o ardor da juventude. A hora undécima

é a idade daqueles que se encontram muito avançados nos anos... Os trabalhadores são, portanto, chamados para a vinha em horas diferentes, como a querer significar que à santidade de vida um é chamado durante a infância, um outro na juventude, um outro quando adulto e um outro na idade mais avançada".[1]

Podemos também tomar e alargar o comentário de São Gregório Magno referindo-o à extraordinária variedade de presenças na Igreja, todas e cada uma chamadas a trabalhar para o advento do Reino de Deus segundo a diversidade de vocações e da situações, carismas e ministérios. Trata-se de uma variedade ligada, não só à idade, mas também à diferença de sexo e à diversidade dos dons, como igualmente às vocações e às condições de vida; é uma variedade que torna mais viva e concreta a riqueza da Igreja.

Jovens, crianças, idosos

Os jovens, esperança da Igreja

46. O Sínodo quis prestar uma *atenção especial aos jovens*. E justamente. Em tantos países do mundo, eles representam a metade de toda a população e, muitas vezes, a metade numérica do próprio Povo de Deus que vive nesses países. Já sob esse ponto de vista, os jovens constituem uma força excepcional e são um *grande desafio para o*

---

[1] S. GREGÓRIO MAGNO, *Hom. in Evang.* I, XIX, 2: PL 76, 1155.

futuro da Igreja. Nos jovens, efetivamente, a Igreja lê o seu caminho para o futuro que a espera e encontra a imagem e o convite daquela alegre juventude com que o Espírito de Cristo constantemente a enriquece. Nesse sentido, o Concílio definiu os jovens como "esperança da Igreja".[2]

Na carta que escrevi aos jovens e às jovens do mundo, a 31 de março de 1985, lê-se: "A Igreja olha para os jovens; antes, a Igreja, de um modo especial, *vê-se a si mesma nos jovens,* em todos vós e, ao mesmo tempo, em cada uma e em cada um de vós. Foi assim desde o princípio, desde os tempos apostólicos. As palavras de São João na sua *Primeira Carta* podem dar disso um especial testemunho: 'Escrevo a vós, *jovens,* porque *vencestes o maligno.* Escrevi-vos a vós, filhinhos, porque *conhecestes o Pai...* Escrevi-vos a vós, *jovens,* porque *sois fortes,* e a palavra de Deus *habita em vós'* (1Jo 2,13ss.)... Na nossa geração, ao fim do segundo milênio depois de Cristo, também a Igreja vê-se a si mesma nos jovens".[3]

Os jovens não devem ser considerados simplesmente como o objeto da solicitude pastoral da Igreja: são de fato e devem ser encorajados a ser sujeitos ativos, *protagonistas da evangelização e artífices da renovação social.*[4] A juventude é o tempo de uma *descoberta* particularmente intensa do próprio "eu" e do próprio "projeto de vida", é o

---

[2] CONC. ECUM. VAT. II, Decl. sobre a educação cristã *Gravissimum educationis,* 2.

[3] JOÃO PAULO II, Carta Apost. aos jovens e às jovens do mundo, por ocasião do "Ano Internacional da Juventude", 15: *AAS* 77 (1985), 620-621.

[4] *Propositio* 52.

tempo de um *crescimento* que deve realizar-se "em sabedoria, idade e graça diante de Deus e dos homens" (Lc 2,52).

Como disseram os Padres sinodais, "a sensibilidade dos jovens intui profundamente os valores da justiça, da não violência e da paz. O seu coração está aberto à fraternidade, à amizade e à solidariedade. Deixam-se mobilizar ao máximo em favor das causas que concernem a qualidade da vida e a conservação da natureza. Mas, estão eles também cheios de inquietações, de desilusões, angústias e receios do mundo, para além das tentações próprias do seu estado".[5]

A Igreja deve reviver o amor de predileção que Jesus mostrou ao jovem do Evangelho: "Jesus, olhando para ele, amou-o" (Mc 10,21). Por isso, a Igreja não se cansa de anunciar Jesus Cristo, proclamar o seu Evangelho como a única e superabundante resposta às mais radicais aspirações dos jovens, como a proposta forte e entusiasta de um seguimento pessoal ("vem e segue-me" [Mc 10,21]), que comporta a vivência do amor filial de Jesus pelo Pai e a participação na salvação da humanidade.

A Igreja tem tantas coisas para dizer aos jovens, e os jovens tem tantas coisas a dizer à Igreja. Este diálogo recíproco, que deverá fazer-se com grande cordialidade, clareza e coragem, favorecerá o encontro e o intercâmbio das gerações, e será fonte de riqueza e de juventude para a Igreja e para a sociedade civil. Na sua mensagem aos jovens

---

[5] *Propositio* 51.

o Concílio diz: "A Igreja olha para vós com confiança e amor... Ela é a verdadeira juventude do mundo... Olhai para ela e nela encontrareis o rosto de Cristo".[6]

As crianças e o Reino dos céus

47. As crianças são, certamente, o alvo do amor delicado e generoso do Senhor Jesus: a elas reserva a sua bênção e, ainda mais, assegura-lhes o Reino dos céus (cf. Mt 19,13-15; Mc 10,14). Em particular, Jesus exalta o papel ativo que as crianças têm no Reino de Deus: são o símbolo eloquente e a esplêndida imagem daquelas condições morais e espirituais que são essenciais para se entrar no Reino de Deus e para viver a sua lógica de total abandono ao Senhor: "Em verdade vos digo: se não vos converterdes e não vos tornardes como as crianças, não entrareis no Reino dos céus. Pois quem se tornar pequenino como esta criança será grande no Reino dos céus. E quem acolher uma só destas crianças em meu nome, acolhe-me a mim" (Mt 18,3-5; cf. Lc 9,48).

As crianças são a lembrança constante de que a fecundidade missionária da Igreja tem a sua raiz vivificadora, não nos meios e nos merecimentos humanos, mas no dom totalmente gratuito de Deus. A vida de inocência e de graça das crianças, e também os sofrimentos injustos de que são vítimas, são, em virtude da cruz de Cristo, um enriquecimento espiritual para elas e para

---

[6] CONC. ECUM. VAT. II, "Mensagem aos jovens" (8 de dezembro de 1965): *AAS* 58 (1965), 18.

toda a Igreja: devemos todos tornar mais viva e grata consciência desse fato.

Deve reconhecer-se, além disso, que também à idade da infância e da adolescência se abrem preciosas possibilidades operativas tanto para a edificação da Igreja como para a humanização da sociedade. O que o Concílio diz sobre a presença benéfica e construtiva dos filhos no seio da família "Igreja doméstica": "Os filhos, como membros vivos da família, também contribuem à sua maneira para a santificação dos pais",[7] deve repetir-se acerca das crianças em relação à Igreja particular e universal. Já o observava João Gerson, teólogo e educador do século XV, para quem "as crianças e os adolescentes não são por nada uma parte insignificante na Igreja".[8]

Os idosos e o dom da sabedoria

48. As pessoas idosas, muitas vezes injustamente tidas por inúteis se não mesmo um peso insuportável, lembro que a Igreja lhes pede e delas espera que continuem a sua missão apostólica e missionária, que não só é possível e obrigatória, mas, de certo modo, tornada específica e original também nessa idade.

A Bíblia gosta de apresentar o idoso como o símbolo da pessoa cheia de sabedoria e de temor de Deus (cf. Eclo

---

[7] CONC. ECUM. VAT. II, Const. past. sobre a Igreja no mundo contemporâneo *Gaudium et spes*, 48.

[8] J. GERSON, *De parvulis ad Christum trahendis*: Oeuvres complètes, Desclée, Paris 1973, IX, 669.

25,4-6). Nesse sentido, o "dom" do idoso poderia identificar-se com o de ser, na Igreja e na sociedade, a testemunha da tradição da fé (cf. Sl 44,2; Ex 12,26-27), o mestre de vida (cf. Eclo 6,34; 8,11-12), o obreiro da caridade.

Hoje, o número crescente de idosos nos vários países do mundo e a cessação antecipada da atividade profissional e ativa abrem um novo espaço ao trabalho apostólico dos idosos: é um trabalho que deverá ser assumido superando decididamente a tentação de se refugiar nostalgicamente num passado que não volta mais ou de, por motivo das dificuldades encontradas, fugir dos empenhos presentes para o mundo das constantes novidades; e conscientizando-se sempre mais de que a sua função na Igreja e na sociedade não tem absolutamente paragens por razões de idade, mas tão só modalidades novas. Como diz o Salmista: "Até na velhice darão frutos, conservarão a sua seiva e o seu frescor, para anunciar quão justo é o Senhor" (Sl 92,15-16). Repito o que disse durante a celebração do Jubileu dos Idosos: "A entrada na terceira idade deve considerar-se um privilégio: não apenas porque nem todos têm a sorte de atingir essa meta, mas também e sobretudo porque esse é o tempo das possibilidades concretas de pensar melhor no passado, de conhecer e viver com maior profundidade o mistério pascal, de se tornar, na Igreja, exemplo para todo o Povo de Deus... Apesar da complexidade dos problemas que tendes para resolver, as forças que progressivamente se vão enfraquecendo, e apesar das insuficiências das organizações sociais, os atrasos da legislação oficial, as incompreensões de uma sociedade egoísta, vós não estais nem deveis sentir-vos à margem da vida da Igreja, elementos passivos de um mundo em movimento excessivo, mas sujeitos ativos de um período humanamente e espiritualmente fecundo da existência humana. Tendes ainda uma missão para cumprir, um contributo a dar. Segundo o plano divino, cada ser humano é uma vida em crescimento, desde a primeira centelha da existência até ao último respiro".[9]

Mulheres e homens

49. Os Padres sinodais dedicaram uma atenção especial à condição e ao papel da mulher, num dúplice objetivo: reconhecer e convidar a que todos e mais uma vez reconheçam o indispensável contributo da mulher na edificação da Igreja e no progresso da sociedade; e elaborar, além disso, uma análise mais específica acerca da participação da mulher na vida e na missão da Igreja.

Reportando-se a João XXIII, que vê na tomada de consciência por parte da mulher da própria dignidade e no acesso das mulheres às atividades públicas um sinal dos nossos tempos,[10] os Padres do Sínodo afirmaram repetida e veementemente, perante as mais variadas formas de descriminação e de marginalização a que se submete a mulher pela simples razão de ser mulher, a urgência de

---

[9] JOÃO PAULO II, Discurso aos grupos da Terceira Idade das Dioceses Italianas (23 de março de 1984): *Insegnamenti*, VII, 1 (1984), 744.

[10] Cf. JOÃO XXIII, Encicl. *Pacem in terris*: *AAS* 55 (1963), 267-268.

defender e de promover a *dignidade pessoal da mulher* e, portanto, a sua igualdade com o homem.

Se a todos na Igreja e na sociedade pertence esta tarefa, em particular pertence às mulheres, que devem sentir-se empenhadas como protagonistas em primeira linha. Há ainda um enorme esforço a fazer, em muitas partes do mundo e em diversos ambientes, para se destruir aquela injusta e deletéria mentalidade que considera o ser humano como uma coisa, como um objeto de compra e venda, um instrumento do interesse egoísta ou de puro prazer, tanto mais que a primeira vítima dessa mentalidade é precisamente a própria mulher. Pelo contrário, só o claro reconhecimento da dignidade pessoal da mulher constitui o primeiro passo a dar-se para promover a sua plena participação, tanto na vida eclesial como na social e pública. Deve dar-se uma resposta mais ampla e decisiva à exigência feita na Exortação *Familiaris consortio* acerca das múltiplas discriminações de que são vítimas as mulheres: "que por parte de todos se empreenda uma ação pastoral específica, mais vigorosa e incisiva, para debelá-las definitivamente, por forma a alcançar a plena estima da imagem de Deus que brilha em todos os seres humanos, nenhum excluído".[11] Na mesma linha, os Padres sinodais afirmaram: "A Igreja, como expressão da sua missão, deve opor-se firmemente a todas as formas de discriminação e de abuso das mulheres".[12] E ainda: "A dignidade da mulher,

---

[11] JOÃO PAULO II, Exort. Ap. *Familiaris consortio*, 24: *AAS* 74 (1982), 109-110.

[12] *Propositio* 46.

gravemente ferida na opinião pública, deve ser recuperada através do respeito efetivo dos direitos da pessoa humana e da prática da doutrina da Igreja".[13]

Em particular, sobre *a participação ativa e responsável na vida e na missão da Igreja,* sublinhe-se como já o Concílio Vaticano II tenha sido deveras explícito em reclamá-lo: "Já que, nos nossos dias, as mulheres tomam cada vez mais parte ativa em toda a vida da sociedade, reveste-se de grande importância uma sua mais larga participação nos vários campos do apostolado da Igreja".[14]

A consciência de que a mulher, com os dons e as funções que lhe são próprias, tem *uma vocação específica própria* cresceu e aprofundou-se no período pós-conciliar, encontrando a sua inspiração mais original no Evangelho e na história da Igreja. Para o crente, com efeito, o Evangelho, isto é, a palavra e o exemplo de Jesus Cristo, continua a ser o ponto de referência necessário e decisivo: e é deveras fecundo e inovador também para o atual momento histórico.

Embora não tendo sido chamadas para o apostolado próprio dos Doze e, portanto, para o sacerdócio ministerial, muitas mulheres acompanham Jesus no seu ministério e dão assistência ao grupo dos Apóstolos (cf. Lc 8,2-3); estão presentes ao pé da Cruz (Lc 23,49); assistem à sepultura de Jesus (cf. Lc 23,55) e, na madrugada de Páscoa, recebem

---

[13] *Propositio* 47.

[14] CONC. ECUM. VAT. II, Decr. sobre o apostolado dos leigos *Apostolicam actuositatem*, 9.

e transmitem o anúncio da ressurreição (cf. Lc 24,1-10); rezam com os Apóstolos no Cenáculo à espera do Pentecostes (At 1,14).

Na pegada do Evangelho, a Igreja das origens diferenciou-se da cultura do tempo e confia à mulher tarefas ligadas à evangelização. Nas suas Cartas, o apóstolo Paulo cita, até pelo nome, numerosas mulheres pelas suas variadas funções no seio e ao serviço das primeiras comunidades eclesiais (cf. Rm 16,1-15; Fl 4,2-3; Cl 4,15 e 1Cor 11,5; 1Tm 5,16). "Se o testemunho dos Apóstolos fundamenta a Igreja — disse Paulo VI — o das mulheres contribui para alimentar a fé das comunidades cristãs".[15]

E como nas origens, assim na evolução sucessiva, a Igreja teve sempre, mesmo se de modos diferentes e com diversas acentuações, mulheres que desempenharam um papel, por vezes decisivo, e realizaram tarefas de considerável valor para a própria Igreja. É uma história de imensa operosidade, o mais das vezes humilde e escondida, mas nem por isso menos decisiva para o crescimento e para a santidade da Igreja. É necessário que essa história continue e, mesmo, se alargue e intensifique perante a crescente e universal consciência da dignidade pessoal da mulher e da sua vocação, bem como perante a urgência de uma "nova evangelização" e de uma maior "humanização" das relações sociais.

---

[15] PAULO VI, Discurso à Comissão do Ano Internacional da Mulher (18 de abril de 1975): *AAS* 67 (1975), 266.

Recolhendo a herança do Concílio Vaticano II, onde se reflete a mensagem do Evangelho e da história da Igreja, os Padres do Sínodo formularam, entre outras, esta clara "recomendação": "É necessário que a Igreja, pela sua vida e pela sua missão, reconheça todos os dons das mulheres e dos homens e os traduza em prática".[16] E ainda: "Este Sínodo proclama que a Igreja exige o reconhecimento e a utilização de todos esses dons, experiências e aptidões dos homens e das mulheres para que a sua missão se torne mais eficaz (cf. Congregação da Doutrina da Fé, *Instructio de libertate christiana et liberatione,* 72)".[17]

Fundamentos antropológicos e teológicos

50. A condição para assegurar a justa presença da mulher na Igreja e na sociedade é a análise mais penetrante e mais cuidada dos *fundamentos antropológicos da condição* masculina e feminina, de forma a determinar a identidade pessoal própria da mulher na sua relação de diversidade e de recíproca complementariedade com o homem, não só no que se refere às posições que deve manter e às funções que deve desempenhar, mas também e mais profundamente no que concerne a sua estrutura e o seu significado pessoal. Os Padres sinodais sentiram vivamente essa exigência ao afirmarem que "os fundamentos antropológicos e teológicos precisam ser estudados a fundo em vista da solução dos

---

[16] *Propositio* 46.

[17] *Propositio* 47.

problemas relativos ao verdadeiro significado e à dignidade de ambos os sexos".[18]

Empenhada na reflexão sobre os fundamentos antropológicos e teológicos da condição feminina, a Igreja intervém no processo histórico dos vários movimentos de promoção da mulher e, descendo às próprias raízes do seu ser pessoal, dá-lhe o seu mais precioso contributo. Mas, antes e sobretudo, a Igreja entende com isso obedecer a Deus que, ao criar o homem "à sua imagem", "homem e mulher os criou" (Gn 1,27); e assim entende responder à chamada de Deus que a convida a conhecer, a admirar e a viver o seu desígnio. É um desígnio que foi "no princípio" indelevelmente impresso no próprio ser da pessoa humana — homem e mulher — e, portanto, nas suas estruturas significativas e nos seus dinamismos profundos. É precisamente esse desígnio, sapientíssimo e amoroso, que deve ser explorado em toda a riqueza do seu conteúdo: é a riqueza que desde o "princípio" se veio progressivamente manifestando e atuando ao longo de toda a história da salvação e que culminou na "plenitude do tempo", quando "Deus mandou o seu Filho, nascido de mulher" (Gl 4,4). Essa "plenitude" continua na história: a leitura do desígnio de Deus acerca da mulher é feita continuamente e deverá continuar a fazer-se na fé da Igreja, graças também à vida que tantas mulheres cristãs viveram. Sem esquecer o contributo que podem dar as várias ciências humanas e as

---

[18] Ibid.

diferentes culturas: estas, graças a um discernimento iluminado, poderão ajudar a intuir e a definir os valores e as exigências que pertencem à essência perene da mulher e os que estão ligados à evolução histórica das próprias culturas. Como nos recorda o Concílio Vaticano II, "a Igreja afirma que por baixo de todas as mudanças há muita coisa que não muda, por ter o seu fundamento último em Cristo, que é sempre o mesmo: ontem, hoje e nos séculos (cf. Hb 13,8)".[19]

Sobre os fundamentos antropológicos e teológicos da dignidade pessoal da mulher debruça-se a Carta Apostólica sobre a dignidade e a vocação da mulher. O documento que retoma, continua e especifica as reflexões da catequese das Quartas-Feiras, dedicada, por muito tempo, à "teologia do corpo", pretende ser, ao mesmo tempo, o cumprimento de uma promessa feita na encíclica *Redemptoris mater*[20] e a resposta ao pedido dos Padres sinodais.

---

[19] CONC. ECUM. VAT. II, Const. past. sobre a Igreja no mundo contemporâneo *Gaudium et spes*, 10.

[20] A encíclica *Redemptoris mater*, depois de ter lembrado que a "dimensão mariana da vida cristã assume um relevo peculiar em relação com a mulher e com a sua condição", escreve: "Com efeito, a feminidade está numa *relação* singular com a Mãe do Redentor, argumento que poderá ser aprofundado noutro lugar. Aqui desejo apenas realçar que a figura de Maria de Nazaré projeta luz sobre a *mulher enquanto tal*, pelo próprio fato de Deus, no acontecimento sublime da encarnação do Filho, se ter entregado ao cuidado, livre e ativo, de uma mulher. Pode, portanto, afirmar-se que a mulher, olhando para Maria, encontra nela o segredo para viver dignamente a sua feminidade e para realizar a sua verdadeira promoção. A luz de Maria, a Igreja vê no rosto da mulher os reflexos de uma beleza, que é espelho dos mais elevados sentimentos, de que é capaz o coração humano: a totalidade oblativa do amor; a força que sabe resistir aos maiores sofrimentos; a fidelidade sem limites e a operosidade incansável; a capacidade de conjugar a intuição penetrante com a palavra de apoio e de encorajamento" (JOÃO PAULO II, Encicl. *Redemptoris mater*, 46: *AAS* 79 [1987], 424-425).

A leitura da Carta *Mulieris dignitatem,* também pelo seu caráter de meditação bíblico-teológica, poderá ser um estímulo para todos, homens e mulheres, e em particular para os que cultivam as ciências humanas e as disciplinas teológicas, a fim de se avançar no estudo crítico e aprofundar sempre mais, na base da dignidade pessoal do homem e da mulher e da sua recíproca relação, os valores e os dons específicos da feminilidade e da masculinidade, não apenas em nível da vivência social, mas também e sobretudo da existência cristã e eclesial.

A meditação sobre os fundamentos antropológicos e teológicos da condição da mulher deve iluminar e guiar a resposta cristã à pergunta tão comum e, por vezes, tão aguda, sobre o *"espaço" que a mulher pode e deve ter na Igreja e na sociedade.*

Da palavra e do comportamento de Cristo, que são normativos para a Igreja, resulta com grande clareza que nenhuma discriminação existe no plano da relação com Cristo, no qual "não há homem nem mulher, pois todos vós sois um só em Cristo Jesus" (Gl 3,28) e no plano da participação na vida e na santidade da Igreja, como muito bem afirma a profecia de Joel realizada no Pentecostes: "Eu derramarei o meu espírito sobre cada homem e profetizarão os vossos filhos e as vossas filhas" (Jl 2,28; cf. At 2,17ss.). Como se lê na Carta Apostólica sobre a dignidade e a vocação da mulher: "Ambos — a mulher como o homem — são objeto, em igual medida, da dádiva da verdade divina e do amor no Espírito Santo. Ambos recebem as suas 'visitas' salvadoras e santificadoras".[21]

Missão na Igreja e no mundo

51. Quanto, pois, à participação na missão apostólica da Igreja, não há dúvida de que, por força do Batismo e da Crisma, a mulher — como o homem — torna-se participante no tríplice múnus de Jesus Cristo Sacerdote, Profeta e Rei e, portanto, é habilitada e vocacionada para o apostolado fundamental da Igreja: a *evangelização*. Por outra parte, precisamente na realização desse apostolado, a mulher é chamada a pôr em prática os seus "dons" próprios: antes de mais, o dom que é a sua própria dignidade pessoal, através da palavra e do testemunho de vida; os dons, portanto, relacionados com a sua vocação feminina.

Para participar na vida e na missão da Igreja, a mulher não pode receber o *sacramento da Ordem* e, por isso, não pode desempenhar as funções próprias do sacerdócio ministerial. Esta é uma disposição que a Igreja sempre encontrou na clara vontade, totalmente livre e soberana, de Jesus Cristo que chamou apenas homens para seus apóstolos;[22] uma disposição que pode encontrar luz na relação entre Cristo Esposo e a Igreja Esposa.[23] Estamos na esfera

---

[21] JOÃO PAULO II, Carta Apost. *Mulieris dignitatem*, 16.

[22] Cf. Congregação para a Doutrina da Fé, Declaração sobre a questão da admissão das mulheres ao sacerdócio ministerial *Inter insigniores*, 15 de outubro de 1976: *AAS* 69 (1977), 98-116.

[23] Cf. JOÃO PAULO II, Carta Apost. *Mulieris dignitatem*, 26.

da *função* e não na da *dignidade* e da *santidade*. Deve, na verdade, afirmar-se: "Embora a Igreja possua uma estrutura 'hierárquica', essa estrutura, todavia, está totalmente ordenada para a santidade dos membros em Cristo".[24]

Mas, como já dizia Paulo VI, se "nós não podemos mudar o comportamento de Nosso Senhor nem a chamada que ele dirigiu às mulheres, devemos, porém, reconhecer e promover o papel da mulher na sua missão evangelizadora e na vida da comunidade cristã".[25]

É absolutamente necessário que se passe do *reconhecimento teórico* da presença ativa e responsável da mulher na Igreja à *realização prática*. E é neste claro sentido que deverá ler-se a presente Exortação que se dirige aos fiéis leigos, com a deliberada e repetida especificação "homens e mulheres". Também o novo Código de Direito Canônico contém múltiplas disposições sobre a participação da mulher na vida e na missão da Igreja: são disposições que precisam ser mais comumente conhecidas e postas em prática, embora segundo as diversas sensibilidades culturais e oportunidades pastorais, com maior celeridade e resolução.

---

[24] Ibid., 27; "A Igreja é um corpo diferenciado, onde cada um tem a sua função; as tarefas são distintas e não deverão confundir-se. Não dão justificação à superioridade de uns sobre os outros; não são pretexto para invejas. O único carisma superior, que pode e deve ser desejado, é o da caridade (cf. 1 Cor 12–13). Os maiores no Reino dos céus não são os ministros mas os santos" (Congregação para a Doutrina da Fé, Declaração sobre a questão da admissão das mulheres ao sacerdócio ministerial *Inter insigniores*, 15 de outubro de 1976: *AAS* 69 [1977], 115).

[25] PAULO VI, Discurso à Comissão do Ano Internacional da Mulher, 18 de abril de 1975: *AAS* 67 (1975), 266.

Veja-se, por exemplo, a participação das mulheres nos Conselhos pastorais diocesanos e paroquiais, assim como nos Sínodos diocesanos e nos Concílios particulares. Nesse sentido, os Padres sinodais escreveram: "As mulheres participem na vida da Igreja sem discriminação alguma, também nas consultas e na elaboração de decisões".[26] E ainda: "As mulheres, que já têm tanta importância na transmissão da fé e na prestação de serviços de toda a espécie na vida da Igreja, devem ser associadas à preparação dos documentos pastorais e das iniciativas missionárias e devem ser reconhecidas como cooperadoras da missão da Igreja na família, na profissão e na comunidade civil".[27]

No âmbito mais específico da evangelização e da catequese, deverá promover-se com maior força a função particular que a mulher tem na transmissão da fé, não só na família, mas também nos mais variados lugares educativos e, em termos mais vastos, em tudo o que concerne o acolhimento da Palavra de Deus, a sua compreensão e a sua comunicação, também através do estudo, da investigação e da docência da teologia.

Ao desempenhar a sua tarefa de evangelização, a mulher sentirá mais viva a necessidade de ser evangelizada. Assim, com "os olhos iluminados pela fé" (cf. Ef 1,18), a mulher poderá distinguir entre o que verdadeiramente responde à sua dignidade pessoal e à sua vocação e tudo o que, talvez sob o pretexto dessa "dignidade" e em nome

---

[26] *Propositio* 47.

[27] Ibid.

da "liberdade" e do "progresso", faz com que a mulher não contribua para o fortalecimento dos verdadeiros valores, mas, pelo contrário, se torne responsável da degradação moral das pessoas, dos ambientes e da sociedade. Realizar um tal "discernimento" é uma urgência histórica inadiável e, ao mesmo tempo, uma possibilidade e uma exigência que derivam da participação no múnus profético de Cristo e da sua Igreja por parte da mulher cristã. O "discernimento", de que fala muitas vezes o apóstolo Paulo, não consiste apenas numa avaliação das realidades e dos acontecimentos à luz da fé; é também uma decisão concreta e um empenhamento operativo, não só no âmbito da Igreja, mas também no da sociedade humana.

Pode afirmar-se que todos os problemas do mundo contemporâneo, de que já falava a segunda parte da Constituição conciliar *Gaudium et spes* e que com o tempo não foram por nada resolvidos nem atenuados, devem contar com a presença e o empenho das mulheres e, precisamente, com o seu contributo típico e insubstituível.

Em particular, duas grandes tarefas confiadas à mulher merecem ser novamente postas à atenção de todos.

A tarefa, antes de mais, de *dar plena dignidade à vida matrimonial e à maternidade*. Novas possibilidades se abrem hoje à mulher para uma compreensão mais profunda e para uma realização mais rica dos valores humanos e cristãos implicados na vida conjugal e na experiência da maternidade: o próprio homem — o marido e o pai — pode superar formas episódicas e unilaterais de absentismo ou de presença, mais, pode envolver-se em novas e significativas relações de comunhão interpessoal, precisamente graças à intervenção inteligente, amorosa e decisiva da mulher.

E, depois, a tarefa de *assegurar a dimensão moral da cultura,* isto é, a dimensão de uma *cultura digna do homem,* da sua vida pessoal e social. O Concílio Vaticano II parece relacionar a dimensão moral da cultura com a participação dos leigos no múnus real de Cristo: "Os leigos, também pela união das próprias forças, devem sanear as estruturas e as condições do mundo, se elas porventura propendem a levar ao pecado, de tal modo que todas se conformem às normas da justiça e, antes, ajudem ao exercício das virtudes, em vez de o estorvarem. Agindo assim, informarão de valor moral a cultura e as obras do homem".[28]

À medida que a mulher participar ativa e responsavelmente na função das instituições, de que depende a salvaguarda do primado devido aos valores humanos na vida das comunidades políticas, as palavras do Concílio acima citadas abrirão um importante campo de apostolado da mulher: em todas as dimensões da vida dessas comunidades, desde a dimensão socioeconômica à sociopolítica, devem respeitar-se e promover-se a dignidade pessoal da mulher e a sua vocação específica: no âmbito não só individual, mas também comunitário; não apenas em formas deixadas à liberdade responsável das pessoas, mas igualmente em formas garantidas por leis civis justas.

---

[28] CONC. ECUM. VAT. II, Cons. dogm. sobre a Igreja *Lumen gentium,* 36.

"Não é bom que o homem esteja só: vou dar-lhe um auxiliar semelhante a ele" (Gn 2,18). *À mulher Deus Criador confiou o homem*. Sem dúvida, o homem foi confiado a cada homem, mas de modo particular à mulher, porque precisamente a mulher parece possuir, graças à experiência especial da sua maternidade, uma *sensibilidade específica para com o homem* e para com tudo o que constitui o seu verdadeiro bem, a começar pelo valor fundamental da vida. São tão grandes as possibilidades e as responsabilidades da mulher neste campo, numa época em que o progresso da ciência e da técnica nem sempre é inspirado e pautado pela verdadeira sabedoria, com o risco inevitável de "desumanizar" a vida humana, sobretudo quando ela exige um amor mais intenso e uma aceitação mais generosa!

A participação da mulher na vida da Igreja e da sociedade, através dos seus dons, constitui, ao mesmo tempo, a estrada necessária para a sua realização pessoal — na qual justamente tanto se insiste — e o contributo original da mulher para o enriquecimento da comunhão eclesial e para o dinamismo apostólico do Povo de Deus.

Nesta perspectiva deve considerar-se a presença também do homem ao lado da mulher.

Com presença e colaboração dos homens e das mulheres

52. Não faltou na aula sinodal a voz daqueles que manifestaram o receio de que uma excessiva insistência sobre a condição e o papel das mulheres pudesse levar a um inaceitável esquecimento: nomeadamente em relação aos *homens*. Na verdade, várias situações eclesiais devem lamentar a ausência ou a presença demasiado fraca dos homens, uma parte dos quais abdica das próprias responsabilidades eclesiais, deixando-as ao cuidado exclusivo das mulheres, como, por exemplo, a participação na oração litúrgica na Igreja, a educação e, em especial, a catequese dos próprios filhos e das outras crianças, a presença em encontros religiosos e culturais, a colaboração em iniciativas caritativas e missionárias.

Torna-se, assim, uma urgência pastoral conseguir-se a presença coordenada dos homens e das mulheres para se tornar mais completa, harmônica e rica a participação dos fiéis leigos na missão salvadora da Igreja.

A razão fundamental que exige e explica a presença simultânea e a colaboração dos homens e das mulheres não é unicamente, como se sublinhou acima, a maior expressividade e eficácia da ação pastoral da Igreja; nem, tampouco, o simples dado sociológico de uma convivência humana que é naturalmente feita de homens e de mulheres. É, sobretudo, o desígnio originário do Criador, que desde o "princípio" quis o ser humano como "unidade de dois", quis o homem e a mulher como primeira comunidade de pessoas, raiz de todas as outras comunidades e, simultaneamente, como "sinal" daquela comunhão interpessoal de amor que constitui a misteriosa vida íntima de Deus Uno e Trino.

Precisamente por isso, o modo mais comum e capilar e, ao mesmo tempo, fundamental, para assegurar essa presença coordenada e harmônica de homens e de mulheres na vida e na missão da Igreja, é o exercício das tarefas e das responsabilidades do casal e da família cristã, no qual transparece e se comunica a variedade das diversas formas de amor e de vida: a forma conjugal, paterna e materna, filial e fraterna. Lemos na Exortação *Familiaris consortio*: "Se a família cristã é comunidade, cujos laços são renovados por Cristo através da fé e dos sacramentos, a sua participação na missão da Igreja deve processar-se *segundo uma modalidade comunitária:* juntos, portanto, os cônjuges *enquanto casal,* os pais e os filhos *enquanto família,* devem prestar o seu serviço à Igreja e ao mundo... A família cristã edifica, assim, o Reino de Deus na história, mediante aquelas mesmas realidades quotidianas que dizem respeito à sua *condição de vida* e a identificam: é, portanto, no *amor conjugal e familiar* — vivido na sua extraordinária riqueza de valores e de exigências de totalidade, unicidade, fidelidade e fecundidade — que se exprime e se realiza a participação da família cristã no múnus profético, sacerdotal e real de Jesus Cristo e da sua Igreja".[29]

Colocando-se nesta perspectiva, os Padres sinodais recordaram o significado que o sacramento do Matrimônio deve assumir na Igreja e na sociedade a fim de iluminar e inspirar todas as relações entre o homem e a mulher. Nesse sentido, reafirmaram "a urgente necessidade de cada

---

[29] JOÃO PAULO II, Exort. Ap. *Familiaris consortio*, 50: *AAS* 74 (1982), 141-142.

cristão viver e anunciar a mensagem de esperança contida na relação entre o homem e a mulher. O sacramento do Matrimônio, que consagra esta relação na sua forma conjugal e a revela como sinal da relação de Cristo com a sua Igreja, encerra uma doutrina de grande importância para a vida da Igreja; essa doutrina deve atingir, por meio da Igreja, o mundo de hoje; todas as relações entre o homem e a mulher se devem alimentar desse espírito. A Igreja deve utilizar tais riquezas de forma ainda mais plena".[30] Os próprios Padres justamente sublinharam que "a estima da virgindade e o respeito pela maternidade devem ambos ser recuperados":[31] uma vez mais, para o florescer de vocações diferentes e complementares no contexto vivo da comunhão eclesial e ao serviço do seu constante crescimento.

Doentes e atribulados

53. O homem é destinado à alegria, mas todos os dias experimenta variadíssimas formas de sofrimento e de dor. Na sua mensagem final, os Padres sinodais dirigiram-se aos homens e às mulheres atingidos pelas mais diversas formas de sofrimento e de dor, com estas palavras: "Vós, os abandonados e marginalizados pela nossa sociedade de consumo: doentes, diminuídos físicos, pobres, famintos, emigrados, refugiados, prisioneiros, desempregados, crianças abandonadas, pessoas sozinhas e idosas; vós, vítimas da

---

[30] *Propositio* 46.

[31] *Propositio* 47.

guerra e de toda a espécie de violência da nossa sociedade permissiva. A Igreja participa no vosso sofrimento que conduz ao Senhor, que vos associa à sua Paixão redentora e vos faz viver à luz da sua Ressurreição. Contamos convosco para ensinar ao mundo inteiro o que é o amor. Faremos tudo o que nos é possível para que encontreis o lugar a que tendes direito na sociedade e na Igreja".[32]

No contexto de um mundo tão vasto como é o do sofrimento humano, consideramos em especial os que são vítimas da doença nas suas diversas formas: com efeito, os doentes são a expressão mais frequente e mais comum do sofrer humano.

A todos e a cada um se dirige a chamada do Senhor: *também os doentes são mandados como trabalhadores para a sua vinha.* O peso que fatiga os membros do corpo e que perturba a serenidade da alma, em vez de os impedir de trabalhar na vinha, convida-os a viver a sua vocação humana e cristã e a participar no crescimento do Reino de Deus *com modalidades novas e mesmo preciosas.* As palavras do apóstolo Paulo devem tornar-se o seu programa e, ainda mais, a luz que faz brilhar aos seus olhos o significado de graça da sua situação: "Completo na minha carne o que falta à paixão de Cristo, em favor do seu corpo, que é a Igreja" (Cl 1,24). Precisamente ao fazer tal descoberta, o apóstolo encontrou a alegria: "Por isso, alegro-me nos sofrimentos que suporto por vossa causa" (Cl 1,24). Do

---

[32] VII ASSEMB. GER. ORD. SÍNODO DOS BISPOS (1987), *Per Concilii semitas ad Populum Dei Nuntius*, 12.

mesmo modo, muitos doentes podem tornar-se veículo da "alegria do Espírito Santo em muitas tribulações" (1Ts 1,6) e ser testemunhas da Ressurreição de Jesus. Como afirmou um diminuído físico na sua intervenção na aula sinodal, "é de grande importância sublinhar o fato de que os cristãos que vivem em situações de doença, dor e velhice, não são convidados por Deus apenas a unir a sua dor à Paixão de Cristo, mas também a receber desde já em si mesmos e a transmitir aos outros a força da renovação e a alegria de Cristo ressuscitado (cf. 2Cor 4,10-11; 1Pd 4, 13; Rm 8,18ss.)".[33]

Por sua parte — como se lê na Carta Apostólica *Salvifici doloris* — "a Igreja, que nasce do mistério da redenção na Cruz de Cristo, deve procurar encontrar-se com o homem, de modo especial, na estrada do seu sofrimento. Nesse encontro, o homem "torna-se o caminho da Igreja", sendo este um dos caminhos mais importantes".[34] Ora, *o homem que sofre é caminho da Igreja,* por ser, antes de mais, caminho do próprio Cristo, o bom Samaritano que "não passa adiante", mas "se compadece, aproxima-se... liga-lhe as feridas... e cuida dele" (Lc 10,32-34).

A comunidade cristã continuamente escreve, de século em século, na imensa multidão das pessoas que estão doentes e que sofrem, a parábola evangélica do bom Samaritano, revelando e comunicando o amor de Jesus

---

[33] *Propositio* 53.

[34] JOÃO PAULO II, Carta Ap. *Salvifici doloris*, 3: *AAS* 76 (1984), 203.

Cristo que cura e que consola. Fê-lo mediante o testemunho da vida religiosa consagrada ao serviço dos doentes e mediante a ação incansável de todos os operadores de saúde. Hoje, também nos próprios hospitais e casas de saúde católicos, geridos por pessoal religioso, torna-se cada vez mais numerosa e, por vezes, até total e exclusiva a presença dos fiéis leigos, homens e mulheres: eles mesmo, médicos, enfermeiros, operadores de saúde, voluntários, são chamados a tornar-se a imagem viva de Cristo e da sua Igreja no amor para com os doentes e os que sofrem.

Ação pastoral renovada

54. É necessário que esta preciosíssima herança, que a Igreja recebeu de Jesus Cristo "médico do corpo e do espírito",[35] não só não esmoreça, mas se valorize e enriqueça cada vez mais com a recuperação e o decidido arrojo de uma *ação pastoral em favor dos doentes e dos que sofrem*. Deve ser uma ação capaz de garantir e promover atenção, proximidade, presença, escuta, diálogo, partilha e ajuda concreta ao homem, nos momentos em que, por causa da doença e do sofrimento, são postas à prova não só a sua confiança na vida mas também a sua própria fé em Deus e no seu amor de Pai. Este esforço pastoral tem a sua expressão mais significativa na celebração sacramental com e em favor dos doentes, como fortaleza na dor e na fraqueza, esperança no desespero, lugar de encontro e de festa.

---

[35] S. IGNÁCIO DE ANTIOQUIA, *Ad Ephesios*, VII, 2: *S. Ch.* 10, 64.

Um dos objetivos fundamentais desta renovada e intensificada ação pastoral, que não pode deixar de envolver, e de forma coordenada, todos os componentes da comunidade eclesial, é considerar o doente, o diminuído físico, o que sofre, não simplesmente objeto do amor e do serviço da Igreja, mas sim, *sujeito ativo e responsável da obra de evangelização e de salvação*. Nesta perspectiva, a Igreja tem uma boa-nova a dar no seio da sociedade e da cultura que, tendo perdido do sofrer humano, "censuram" todo o discurso sobre essa dura realidade da vida. E a boa-nova consiste no anúncio de que o sofrer pode ter também um significado positivo para o homem e para a própria sociedade, chamado, como é, a tornar-se uma forma de participação no sofrimento salvífico de Cristo e na sua alegria de Ressuscitado e, portanto, uma força de santificação e de edificação da Igreja.

O anúncio dessa boa-nova será crível, quando não ficar simplesmente nos lábios, mas passar para o testemunho da vida, tanto em todos aqueles que com amor cuidam dos doentes, dos diminuídos físicos, dos que sofrem, como nestes mesmos, tornados cada vez mais conscientes e responsáveis do seu lugar e da sua missão na Igreja e para a Igreja.

A renovada meditação da Carta Apostólica *Salvifici doloris,* de que recordamos as linhas conclusivas, poderá ser de grande utilidade para que a "civilização do amor" consiga dar flores e frutos no vasto mundo da dor humana: "é preciso, portanto, que aos pés da Cruz do Calvário se juntem idealmente todos os que, sofrendo, acreditam em Cristo e, de modo particular, aqueles que sofrem por causa da sua fé nele, que foi crucificado e que ressuscitou, para que a oferta dos seus sofrimentos apresse o cumprimento da oração do mesmo Salvador pela unidade de todos (cf. Jo 17,11.21-22). Juntem-se lá também os homens de boa vontade, pois na Cruz está o 'Redentor do homem', o Homem das dores, que carregou em si os sofrimentos físicos e morais dos homens de todos os tempos, para que no *amor* possam encontrar o sentido salvador do seu sofrimento e as respostas válidas para todas as suas interrogações. *Com Maria,* Mãe de Cristo, *que estava ao pé da Cruz* (cf. Jo 19,25), nos detemos junto de todas as cruzes do homem de hoje... E pedimos a vós, todos os *que sofreis,* que nos apoieis. Precisamente a vós, que sois fracos, pedimos que *vos torneis uma fonte de força* para a Igreja e para a humanidade. No terrível combate entre as forças do bem e as do mal, de que nos dá espetáculo o nosso mundo contemporâneo, vença o vosso sofrimento em união com a Cruz de Cristo!".[36]

Estados de vida e vocações

55. Trabalhadores da vinha são todos os membros do Povo de Deus: os sacerdotes, os religiosos e as religiosas, os fiéis leigos, todos simultaneamente objeto e sujeito da comunhão da Igreja e da participação na sua missão de

---

[36] JOÃO PAULO II, Carta Ap. *Salvifici doloris*, 31: *AAS* 76 (1984), 249-250.

salvação. Todos e cada um trabalham na única e comum vinha do Senhor com carismas e com ministérios diferentes e complementares.

Já no nível do *ser,* ainda antes do nível do agir, os cristãos são vides da única fecunda videira que é Cristo, são membros vivos do único Corpo do Senhor edificado na força do Espírito em nível do ser: não significa apenas através da vida de graça e de santidade, que é a primeira e a mais rica fonte da fecundidade apostólica e missionária da santa Madre Igreja; mas significa também através do estado de vida que caracteriza os sacerdotes, os religiosos e as religiosas, os membros dos Institutos seculares, os fiéis leigos.

Na Igreja-Comunhão os estados de vida encontram--se de tal maneira interligados que são ordenados uns para os outros. Comum, direi mesmo único, é, sem dúvida, o seu significado profundo: o de constituir a *modalidade segundo a qual se deve viver a igual dignidade cristã e a universal vocação à santidade na perfeição do amor.* São modalidades, ao mesmo tempo, *diferentes e com- plementares,* de modo que cada uma delas tem uma sua fisionomia original e inconfundível e, simultaneamente, cada uma delas se relaciona com as outras e se põe ao seu serviço.

Assim, o estado de vida *laical* tem na índole secular a sua especificidade e realiza um serviço eclesial ao testemunhar e ao lembrar, à sua maneira, aos sacerdotes, aos religiosos e às religiosas, o significado que as coisas terrenas e temporais têm no desígnio salvífico de Deus. Por sua vez, o sacerdócio *ministerial* representa a garantia permanente da presença sacramental de Cristo Redentor nos diversos tempos e lugares.

O estado *religioso* testemunha a índole escatológica da Igreja, isto é, a sua tensão para o Reino de Deus, que é prefigurado e, de certo modo, antecipado e pregustado nos votos de castidade, pobreza e obediência.

Todos os estados de vida, tanto no seu conjunto como cada um deles em relação com os outros, estão ao serviço do crescimento da Igreja, são modalidades diferentes que profundamente se unem no "mistério de comunhão" da Igreja e que dinamicamente se coordenam na sua única missão.

Desse modo, o único e idêntico mistério da Igreja revela e revive, na diversidade dos estados de vida e na variedade das vocações, a *riqueza infinita do mistério de Jesus Cristo*. Como gostam de repetir os Padres, a Igreja é como um campo de fascinante e maravilhosa variedade de ervas, plantas, flores e frutos. Santo Ambrósio escreve: "Um campo produz muitos frutos, mas melhor é o que está cheio de frutos e de flores. Pois bem, o campo da Santa Igreja é fecundo nuns e noutras. Aqui, podes ver as pérolas da virgindade dar flores; ali, dominar a austera viuvez como as florestas na planície; além, a rica sementeira das núpcias abençoadas pela Igreja encher os grandes celeiros do mundo com abundantes colheitas, e os lagares do Senhor

Jesus extravasar como de frutos de viçosa videira, frutos de que são ricas as núpcias cristãs".[37]

As várias vocações laicais

56. A rica variedade da Igreja encontra uma sua ulterior manifestação no seio de cada estado de vida. Assim, *dentro do estado de vida laical há lugar para várias "vocações"*, isto é, diversos caminhos espirituais e apostólicos que dizem respeito a cada fiel leigo. No trilho de uma vocação laical "comum" florescem vocações laicais "particulares". Neste âmbito podemos lembrar também a experiência espiritual que recentemente amadureceu na Igreja com o desabrochar de diversas formas de Institutos seculares: aos fiéis leigos, e também aos próprios sacerdotes, abre-se a possibilidade de professar os conselhos evangélicos de pobreza, castidade e obediência por meio dos votos ou das promessas, conservando plenamente a própria condição laical e clerical.[38] Como observaram os Padres sinodais, "o Espírito Santo suscita também outras formas de doação de si mesmos, a que se entregam pessoas que permanecem inteiramente na vida laical".[39]

Podemos concluir, relendo uma linda página de São Francisco de Sales, o qual promoveu tanto a espiritualidade

---

[37] S. AMBRÓSIO, *De virginitate*, VI, 34: *PL* 16, 288; cf. S. AGOSTINHO, *Sermo CCCIV*, III, 2: *PL* 38, 1396.

[38] Cf. PIO XII, Const. Ap. *Provida Mater* (2 de fevereiro de 1947): *AAS* 39 (1947), 114-124; CIC, can. 573.

[39] *Propositio* 6.

dos leigos.[40] Falando da "devoção", ou seja, da perfeição cristã ou "vida segundo o Espírito", ele apresenta de uma forma simples e esplêndida a vocação de todos os cristãos à santidade e, ao mesmo tempo, a forma específica com que cada cristão a realiza: "Na criação Deus ordenou às plantas que produzissem os seus frutos, cada uma 'segundo a própria espécie' (Gn 1,11). A mesma ordem dá aos cristãos, que são as plantas vivas da sua Igreja, para produzirem frutos de devoção, cada um segundo o seu estado e a sua condição. A devoção deve ser praticada de forma diferente pelo cavalheiro, pelo operário, pelo doméstico, pelo príncipe, pela viúva, pela mulher solteira e pela casada. Isso não basta, é preciso também conciliar a prática da devoção com as forças, os empenhos e os deveres de cada pessoa... É um erro, uma heresia mesmo, excluir do ambiente militar, da oficina dos operários, da corte dos príncipes, das casas dos cônjuges, a prática da devoção. É verdade, Filoteia, que a devoção puramente contemplativa, monástica e religiosa só pode ser vivida nesses estados, mas, além destes três tipos de devoção, há muitos outros capazes de tornar perfeitos os que vivem em condições seculares. Por isso, onde quer que nos encontremos, podemos e devemos aspirar à vida perfeita".[41]

Colocando-se na mesma linha, o Concílio Vaticano II escreve: "Esta espiritualidade dos leigos deverá

---

[40] Cf. PAULO VI, Carta Ap. *Sabaudiae gemma* (29 de janeiro de 1967): *AAS* 59 (1967), 113-123.

[41] S. FRANCISCO DE SALES, *Introdução à vida devota*, Parte I, 3: Oeuvres completes, Monastère de la Visitation, Annecy 1983, III, 19-21.

assumir características especiais, conforme o estado de matrimônio e familiar, de celibato ou viuvez, situação de enfermidade, atividade profissional e social. Não deixem, por isso, de cultivar assiduamente as qualidades e dotes condizentes a essas situações, e utilizar os dons por cada um recebidos do Espírito Santo".[42]

O que vale para as vocações espirituais vale também, e de certa forma com maior razão, para as infinitas modalidades várias com que todos e cada um dos membros da Igreja são trabalhadores da vinha do Senhor, edificando o Corpo místico de Cristo. Na verdade, cada um é chamado pelo seu nome, na unicidade e irrepetibilidade da sua história pessoal, a dar o próprio contributo para o advento do Reino de Deus. Nenhum talento, nem mesmo o mais pequeno, pode ser enterrado ou deixado inutilizado (cf. Mt 25,24-27).

O apóstolo Pedro adverte-nos: "cada qual viva segundo o carisma que recebeu, colocando-o ao serviço dos outros, como bons administradores da multiforme graça de Deus" (1Pd 4,10).

---

[42] CONC. ECUM. VAT. II, Decr. sobre o apostolado dos leigos *Apostolicam actuositatem*, 4.

Capítulo V

PARA QUE DEIS MAIS FRUTO

A formação dos fiéis leigos

Amadurecer continuamente

57. A imagem evangélica da videira e dos ramos mostra-nos um outro aspecto fundamental da vida e da missão dos fiéis leigos: a chamada para crescer, amadurecer continuamente, dar cada vez mais fruto.

Como diligente agricultor, o Pai cuida da sua vinha. A presença carinhosa de Deus é ardentemente invocada por Israel, que assim reza: "Voltai, Deus dos exércitos, olhai do Céu e vede e visitai esta vinha, protegei a cepa que a vossa mão direita plantou, o rebento que cultivastes" (Sl 80,15-16). O próprio Jesus fala da obra do Pai: "Eu sou a verdadeira videira e o meu Pai é o agricultor. Toda a vide que em mim não der fruto, ele corta-a, e limpa toda aquela que dá fruto, para que dê mais fruto" (Jo 15,1-2).

A vitalidade das vides depende da sua ligação à videira, que é Jesus Cristo: "*Quem permanece em mim e eu nele, dá muito fruto,* porque sem mim não podeis fazer nada" (Jo 15,5).

O homem é interpelado na sua liberdade pela chamada que Deus lhe faz para crescer, amadurecer, dar fruto. Ele terá que responder, terá que assumir a própria responsabilidade. É a essa responsabilidade, tremenda e sublime, que aludem as palavras graves de Jesus: "Se alguém não permanecer em mim, será lançado fora, como a vide, e secará; lançá-lo-ão ao fogo e arderá" (Jo 15,6).

Neste diálogo entre Deus que chama e a pessoa interpelada na sua responsabilidade, situa-se a possibilidade, antes, a necessidade de uma formação integral e permanente dos fiéis leigos, a que os Padres sinodais justamente dedicaram grande parte do seu trabalho. Em particular, depois de terem descrito a formação cristã como "um contínuo processo pessoal de maturação na fé e de configuração com Cristo, segundo a vontade do Pai, sob a guia do Espírito Santo", claramente afirmaram que "a formação dos fiéis leigos deverá figurar *entre as prioridades da Diocese* e ser colocada *nos programas de ação pastoral*, de modo que todos os esforços da comunidade (sacerdotes, leigos e religiosos) possam convergir para esse fim".[1]

Descobrir e viver a própria vocação e missão

58. A formação dos fiéis leigos tem como objetivo fundamental a descoberta cada vez mais clara da própria vocação e a disponibilidade cada vez maior para vivê-la no cumprimento da própria missão.

---

[1] *Propositio* 40.

Deus chama-me e envia-me como trabalhador para a sua vinha; chama-me e envia-me a trabalhar para o advento do seu Reino na história: esta vocação e missão pessoal define a dignidade e a responsabilidade de cada fiel leigo e constitui o ponto forte de toda a ação formativa, em ordem ao reconhecimento alegre e agradecido de tal dignidade e ao cumprimento fiel e generoso de tal responsabilidade.

Com efeito, Deus, na eternidade, pensou em nós e amou-nos como pessoas únicas e irrepetíveis, chamando cada um de nós pelo próprio nome, como o bom Pastor que "chama pelo nome as suas ovelhas" (Jo 10,3). Mas, o plano eterno de Deus só se revela a cada um de nós na evolução histórica da nossa vida e das suas situações, e, portanto, só gradualmente: num certo sentido, dia a dia.

Ora, para poder descobrir a vontade concreta do Senhor sobre a nossa vida, são sempre indispensáveis a escuta pronta e dócil da palavra de Deus e da Igreja, a oração filial e constante, a referência a uma sábia e amorosa direção espiritual, a leitura, feita na fé, dos dons e dos talentos recebidos, bem como das diversas situações sociais e históricas em que nos encontramos.

Na vida de cada fiel leigo há, pois, *momentos particularmente significativos e decisivos* para discernir o chamamento de Deus e para aceitar a missão que ele confia: entre esses momentos estão os da *adolescência* e da *juventude*. Ninguém, todavia, esqueça que o Senhor, como o proprietário em relação aos trabalhadores da vinha, chama — no sentido de tornar concreta e pontual a sua santa vontade — *a todas as horas* de vida: por isso, a vigilância, qual cuidadosa atenção à voz de Deus, é uma atitude fundamental e permanente do discípulo.

Não se trata, no entanto, apenas de *saber* o que Deus quer de nós, de cada um de nós, nas várias situações da vida. É preciso *fazer* o que Deus quer: assim nos recorda a palavra de Maria, a Mãe de Jesus, dirigida aos criados de Caná: "Fazei o que ele vos disser" (Jo 2,5). E para agir em fidelidade à vontade de Deus, precisa ser *capazes* e tornar-se *cada vez mais capazes*. Sem dúvida, com a graça do Senhor, que nunca falta, como diz São Leão Magno: "Dará a força quem confere a dignidade!";[2] mas também com a colaboração livre e responsável de cada um de nós.

Eis a tarefa maravilhosa e empenhativa que espera por todos os fiéis leigos, todos os cristãos, sem paragem alguma: conhecer cada vez mais as riquezas da fé e do Batismo e vivê-las em plenitude crescente. O apóstolo Pedro, ao falar de nascimento e de crescimento como sendo as duas etapas da vida cristã, exorta-nos: "Como crianças recém-nascidas, desejai o leite espiritual, para que ele vos faça crescer para a salvação" (1Pd 2,2).

Uma formação integral para viver em unidade

59. Ao descobrir e viver a própria vocação e missão, os fiéis leigos devem ser formados para aquela *unidade,* de

---

[2] "Dabit virtutem, qui contulit dignitatem!" (S. LEÃO MAGNO, *Serm.* II, 1: *S. Ch.* 200, 248).

que está assinalada a sua própria situação de *membros da Igreja e de cidadãos da sociedade humana*.

Não pode haver na sua existência duas vidas paralelas: por um lado, a vida chamada "espiritual", com os seus valores e exigências; e, por outro, a chamada vida "secular", ou seja, a vida da família, do trabalho, das relações sociais, do empenhamento político e da cultura. A vide, incorporada na videira que é Cristo, dá os seus frutos em todos os ramos da atividade e da existência. Pois, os vários campos da vida laical entram todos no desígnio de Deus, que os quer como o "lugar histórico", em que se revela e se realiza a caridade de Jesus Cristo para glória do Pai e ao serviço dos irmãos. Toda a atividade, toda a situação, todo o empenho concreto — como, por exemplo, a competência e a solidariedade no trabalho, o amor e a dedicação na família e na educação dos filhos, o serviço social e político, a proposta da verdade na esfera da cultura — são ocasiões providenciais de um "contínuo exercício da fé, da esperança e da caridade".[3]

O Concílio Vaticano II convidou todos os fiéis leigos a viver esta *unidade de vida,* ao denunciar com energia a gravidade da ruptura entre fé e vida, entre Evangelho e cultura: "O Concílio exorta os cristãos, cidadãos de ambas as cidades, a que procurem cumprir fielmente os seus deveres terrenos, guiados pelo espírito do Evangelho. Erram os que, sabendo que não temos aqui na terra uma cidade

---

[3] CONC. ECUM. VAT. II, Decr. sobre o apostolado dos leigos *Apostolicam actuositatem*, 4.

permanente, mas que vamos em demanda da futura, pensam que podem por isso descuidar os seus deveres terrenos, sem atenderem a que a própria fé ainda os obriga mais a cumpri-los, segundo a vocação própria de cada um... O divórcio que se nota em muitos entre a fé que professam e a sua vida quotidiana, deve ser tido entre os mais graves erros do nosso tempo".[4] Por isso, afirmei que uma fé que não se torne cultura é uma fé "não plenamente recebida, não inteiramente pensada, nem fielmente vivida".[5]

Aspectos da formação

60. Dentro desta síntese de vida situam-se os múltiplos e coordenados aspectos da *formação integral* dos fiéis leigos.

Não há dúvida de que a formação *espiritual* deve ocupar um lugar privilegiado na vida de cada um, chamado a crescer incessantemente na intimidade com Jesus Cristo, na conformidade com a vontade do Pai, na dedicação aos irmãos, na caridade e na justiça. Escreve o Concílio: "Esta vida de íntima união com Cristo alimenta-se na Igreja com as ajudas espirituais que são comuns a todos os fiéis,

---

[4] CONC. ECUM. VAT. II, Const. past. sobre a Igreja no mundo contemporâneo *Gaudium et spes*, 43; cf. também CONC. ECUM. VAT. II, Decr. sobre a atividade missionária da Igreja *Ad gentes*, 21; PAULO VI, Exort. Ap. *Evangelii nuntiandi*, 20: *AAS* 68 (1976), 19.

[5] JOÃO PAULO II, Discurso aos participantes no Congresso Nacional do Movimento Eclesial de Empenhamento Cultural (M.E.I.C.) (16 de janeiro de 1982), 2: *Insegnamenti*, V, 1 (1982), 131; cf. também a Carta ao Cardeal Agostino Casaroli, Secretário de Estado, com a qual se criava o Pontifício Conselho da Cultura (20 de maio de 1982): *AAS* 74 (1982), 685; Discurso à Comunidade universitária de Lovánio (20 de maio de 1985), 2: *Insegnamenti*, VIII, 1 (1985), 1591.

sobretudo a participação ativa na sagrada Liturgia, e os leigos devem socorrer-se dessas ajudas, de modo que, ao cumprir com retidão os próprios deveres do mundo, nas condições normais da vida, não separem da própria vida a união com Cristo, mas, desempenhando a própria atividade segundo a vontade de Deus, cresçam nela".[6]

A formação *doutrinal* dos fiéis leigos mostra-se hoje cada vez mais urgente, não só pelo natural dinamismo de aprofundar a sua fé, mas também pela exigência de "racionalizar a esperança" que está dentro deles, perante o mundo e os seus problemas graves e complexos. Tornam-se, desse modo, absolutamente necessárias uma sistemática ação de *catequese,* a dar-se gradualmente, conforme a idade e as várias situações de vida, e uma mais decidida promoção cristã da *cultura,* como resposta às eternas interrogações que atormentam o homem e a sociedade de hoje.

Em particular, sobretudo para os fiéis leigos, de várias formas empenhados no campo social e político, é absolutamente indispensável uma consciência mais exata da *doutrina social da Igreja,* como repetidamente os Padres sinodais recomendaram nas suas intervenções. Falando da participação política dos fiéis leigos, assim se exprimiram: "Para que os leigos possam realizar ativamente este nobre propósito na política (isto é, o propósito de fazer reconhecer e estimar os valores humanos e cristãos), não são suficientes as exortações, é preciso dar-lhes a devida formação da

---

[6] CONC. ECUM. VAT. II, Decr. sobre o apostolado dos leigos *Apostolicam actuositatem*, 4.

consciência social, sobretudo acerca da doutrina social da Igreja, a qual contém os princípios de reflexão, os critérios de julgar e as diretivas práticas (cf. *Congregação para a Doutrina da Fé*, *Instrução sobre liberdade cristã e libertação*, 72). Tal doutrina já deve figurar na instrução catequética geral, nos encontros especializados e nas escolas e universidades. A doutrina social da Igreja é, todavia, dinâmica, isto é, adaptada às circunstâncias dos tempos e lugares. É direito e dever dos pastores propor os princípios morais, também sobre a ordem social, e é dever de todos os cristãos dedicarem-se à defesa dos direitos humanos; a participação ativa nos partidos políticos é, todavia, reservada aos leigos".[7]

E, finalmente, no contexto da formação integral e unitária dos fiéis leigos, é particularmente significativo, para a sua ação missionária e apostólica, o crescimento pessoal no campo dos *valores humanos*. Precisamente neste sentido, o Concílio escreveu: "(os leigos) tenham também em grande conta a competência profissional, o sentido da família, o sentido cívico e as virtudes próprias da convivência social, como a honradez, o espírito de justiça, a sinceridade, a amabilidade, a fortaleza de ânimo, sem as quais nem sequer se pode dar uma vida cristã autêntica".[8]

---

[7] *Propositio* 22; cf. também JOÃO PAULO II, Encicl. *Sollicitudo rei socialis*, 41: *AAS* 80 (1988), 570-572.

[8] CONC. ECUM. VAT. II, Decr. sobre o apostolado dos leigos *Apostolicam actuositatem*, 4.

Ao amadurecer a síntese orgânica da sua vida, que, simultaneamente, é expressão da unidade do seu ser e condição para o cumprimento eficaz da sua missão, os fiéis leigos serão interiormente conduzidos e animados pelo Espírito Santo, que é Espírito de unidade e de plenitude de vida.

Colaboradores de Deus educador

61. Quais são os lugares e os meios da formação dos fiéis leigos? Quais *as pessoas e as comunidades* chamadas a desempenhar a tarefa da formação integral e unitária dos fiéis leigos?

Como a ação educativa humana está intimamente ligada à paternidade e à maternidade, assim a formação cristã encontra a sua raiz e força em Deus, o Pai que ama e que educa os seus filhos. Sim, *Deus é o primeiro e o grande educador do seu Povo,* como diz o maravilhoso passo do Cântico de Moisés: "Encontrou-o numa região deserta, nas solidões ululantes e selvagens; protegeu-o e velou por ele. Guardou-o como a menina dos seus olhos. Como a águia vela pela sua ninhada ou paira sobre os seus filhos, ele estendeu as suas asas para o recolher e levou-o sobre as suas asas. Só o Senhor o conduz e nenhum Deus estranho o ajuda" (Dt 32,10-12; cf. 8,5).

A ação educativa de Deus revela-se e cumpre-se em Jesus, o Mestre, e atinge, por dentro, o coração de cada homem, graças à presença dinâmica do Espírito.

A *Igreja Mãe,* tanto em si mesma, como nas suas diversas articulações e expressões, é chamada a tomar parte na ação educativa divina. Assim, *os fiéis leigos são formados pela Igreja e na Igreja,* numa recíproca comunhão e colaboração de todos os seus membros: sacerdotes, religiosos e fiéis leigos. Desse modo, toda a comunidade eclesial, nos seus vários membros, recebe a fecundidade do Espírito e nela colabora ativamente. Nesse sentido Metódio de Olimpo escrevia: "Os imperfeitos... são levados e formados, como no seio de uma mãe, pelos mais perfeitos, a fim de serem gerados e nascerem para a grandeza e para a beleza da virtude",[9] como acontece com Paulo, trazido e introduzido na Igreja pelos perfeitos (na pessoa de Ananias) e tornando-se, depois, também ele perfeito e fecundo de tantos filhos.

Educadora é, antes de mais, a *Igreja universal,* na qual o Papa desempenha o papel de primeiro formador dos fiéis leigos. Cabe-lhe, como sucessor de Pedro, o ministério de "confirmar na fé os irmãos", ensinando a todos os crentes os conteúdos essenciais da vocação e missão cristã e eclesial. Não só a sua palavra direta, mas também a sua palavra veiculada pelos documentos dos vários Dicastérios da Santa Sé devem ser recebidos pelos fiéis leigos com docilidade e amor.

A Igreja una e universal está presente, nas várias partes do mundo, nas *Igrejas particulares.* Em cada uma

---

[9] S. METÓDIO DE OLIMPO, *Symposion* II, 8: S. Ch. 95, 110.

delas, o Bispo tem uma responsabilidade pessoal em relação aos fiéis leigos, que deve formar mediante o anúncio da Palavra, a celebração da Eucaristia e dos sacramentos, a animação e a orientação da sua vida cristã.

Dentro da Igreja particular ou diocese, encontra-se e atua a *paróquia,* que tem um papel essencial na formação mais imediata e pessoal dos fiéis leigos. Efetivamente, com uma relação que pode atingir mais facilmente cada pessoa e cada grupo, a Paróquia é chamada a educar os seus membros para a escuta da Palavra, para o diálogo litúrgico e pessoal com Deus, para a vida de caridade perfeita, permitindo-lhes compreender, de forma mais direta e concreta, o sentido da comunhão eclesial e da responsabilidade missionária.

Depois, no seio de algumas Paróquias, sobretudo quando vastas e dispersas, as *pequenas comunidades eclesiais* existentes podem dar uma ajuda notável na formação dos cristãos, podendo tornar mais capilares e incisivas a consciência e a experiência da comunhão e da missão eclesial. Uma ajuda pode ser dada, como disseram os Padres sinodais, também por uma catequese pós-batismal, em forma de catecumenato, através de uma ulterior proposta de certos conteúdos do "Ritual da Iniciação Cristã dos Adultos", destinados a permitir uma maior compreensão e vivência das imensas e extraordinárias riquezas e da responsabilidade do Batismo recebido.[10]

---

[10] Cf. *Propositio* 11.

Na formação que os fiéis leigos recebem na diocese e na Paróquia, especialmente em ordem ao sentido da comunhão e da missão, tem particular importância a ajuda que os vários membros da Igreja se dão reciprocamente: é uma ajuda que revela e simultaneamente realiza o mistério da Igreja Mãe e Educadora. Os sacerdotes e os religiosos devem ajudar os fiéis leigos na sua formação. Neste sentido, os Padres do Sínodo convidaram os presbíteros e os candidatos às Ordens a "prepararem-se diligentemente para serem capazes de favorecer a vocação e a missão dos leigos".[11] Por sua vez, os próprios fiéis leigos podem e devem ajudar os sacerdotes e os religiosos no seu caminho espiritual e pastoral.

Outros âmbitos educativos

62. Também a *família cristã,* enquanto "Igreja doméstica", constitui uma escola nativa e fundamental para a formação da fé: o pai e a mãe recebem do sacramento do Matrimônio a graça e o ministério da educação cristã relativamente aos filhos, aos quais testemunham e transmitem, simultaneamente, valores humanos e valores religiosos. Ao aprenderem as primeiras palavras, os filhos aprendem também a louvar a Deus, que sentem perto como Pai amoroso e providente; ao aprenderem os primeiros gestos de amor, os filhos aprendem também a abrir-se aos outros, recebendo no dom de si o sentido do viver humano. A própria vida quotidiana de uma família autenticamente cristã constitui a

---

[11] *Propositio* 40.

primeira "experiência de Igreja", destinada a confirmar-se e a progredir na gradual inserção ativa e responsável dos filhos na mais vasta comunidade eclesial e na sociedade civil. Quanto mais os esposos e os pais cristãos crescerem na consciência de que a sua "Igreja doméstica" participa na vida e na missão da Igreja universal, tanto mais os filhos poderão ser formados para o "sentido da Igreja" e experimentarão a beleza de dedicar as suas energias ao serviço do Reino de Deus.

Lugares importantes de formação são também *as escolas e as universidades católicas,* bem como os centros de renovação espiritual que hoje se vão espalhando cada vez mais. Como realçaram os Padres sinodais, no atual contexto social e histórico, marcado por uma profunda transformação cultural, já não basta a participação — sem dúvida, sempre necessária e insubstituível — dos pais cristãos na vida da escola; é preciso preparar fiéis leigos que se dediquem à ação educativa como a uma verdadeira e própria missão eclesial; é preciso formar e desenvolver "comunidades educativas", constituídas por pais, professores, sacerdotes, religiosos e religiosas e representantes dos jovens. E, para que a escola possa desempenhar dignamente a sua função formativa, os fiéis leigos devem sentir-se empenhados em exigir de todos e em promover para todos uma verdadeira liberdade de educação, também mediante uma oportuna legislação civil.[12]

---

[12] Cf. *Propositio* 44.

Os Padres sinodais tiveram palavras de estima e de encorajamento para com todos os fiéis leigos, homens e mulheres, que com espírito cívico e cristão desenvolvem uma ação educativa na escola e nos institutos de formação. Realçaram, além disso, a necessidade urgente de que os fiéis leigos, mestres e professores nas várias escolas, católicas ou não, sejam verdadeiras testemunhas do Evangelho, com o exemplo da vida, a competência e a retidão profissional, a inspiração cristã do ensino, salvaguardada sempre — como é evidente — a autonomia das várias ciências e disciplinas. É de singular importância que a investigação científica e técnica, levada a cabo pelos fiéis leigos, seja orientada pelo critério do serviço ao homem na totalidade dos seus valores e das suas exigências: a esses fiéis leigos a Igreja confia a missão de tornar a todos mais compreensível a íntima relação entre fé e ciência, entre Evangelho e cultura humana.[13]

"Este Sínodo — lemos numa proposição — apela para o papel profético das escolas e das universidades católicas e louva a dedicação dos mestres e dos docentes, hoje na grande maioria leigos, para que nos institutos de educação católica possam formar homens e mulheres que sejam encarnação do 'mandamento novo'. A presença simultânea de sacerdotes e leigos, e também de religiosos e religiosas, dá aos alunos uma imagem viva da Igreja e torna mais fácil o conhecimento das suas riquezas (cf. Congregação

---

[13] *Propositio* 45.

da Educação Católica, O leigo educador, testemunha da fé na escola)".[14]

Também *os grupos, as associações e os movimentos* têm o seu lugar na formação dos fiéis leigos: têm, com efeito, a possibilidade, cada qual pelos próprios métodos, de oferecer uma formação profundamente inserida na própria experiência de vida apostólica, bem como a oportunidade de integrar, concretizar e especificar a formação que os seus adeptos recebem de outras pessoas e comunidades.

A formação reciprocamente recebida e dada por todos

63. A formação não é o privilégio de uns poucos, mas sim um direito e um dever para todos. Os Padres sinodais disseram a propósito: "Ofereça-se a todos a possibilidade da formação, sobretudo aos pobres, que podem ser, também eles, fonte de formação para todos", e acrescentaram: "Para a formação, usem-se meios aptos que ajudem cada um a realizar a plena vocação humana e cristã".[15]

Em vista de uma pastoral verdadeiramente incisiva e eficaz, deverá fomentar-se, mesmo com a organização de cursos oportunos ou escolas específicas, *a formação dos formadores*. Formar aqueles que, por sua vez, deve-rão ocupar-se da formação dos fiéis leigos, constitui uma

---

[14] *Propositio* 44.

[15] *Propositio* 41.

exigência primária para assegurar a formação geral e capilar de todos os fiéis leigos.

Na ação formativa, particular atenção deverá dar-se à cultura local, segundo explícito convite dos Padres sinodais: "A formação dos cristãos terá na máxima conta a cultura humana do lugar, a qual contribui para a própria formação e ajudará a avaliar tanto o valor inerente à cultura tradicional, como o proposto pela moderna. Dê-se a devida atenção também às várias culturas que possam coexistir num mesmo povo e numa mesma nação. A Igreja, Mãe e Mestra dos povos, onde for caso disso, esforçar-se-á por salvar a cultura das minorias que vivem nas grandes nações".[16]

Na ação formativa, certas convicções tornam-se particularmente necessárias e fecundas. Antes de mais, a convicção de que não se dá formação verdadeira e eficaz se cada qual não assumir e não desenvolver por si mesmo a responsabilidade da formação, pois, esta configura-se essencialmente como "autoformação".

A convicção, além disso, de que cada um de nós é o termo e, simultaneamente, o princípio da formação: quanto mais somos formados, mais sentimos a exigência de continuar a melhorar a formação; assim como, quanto mais somos formados, mais nos tornamos capazes de formar os outros.

---

[16] *Propositio* 42.

De singular importância é a consciência de que a ação formativa, ao recorrer com inteligência aos meios e aos métodos das ciências humanas, é tanto mais eficaz quanto mais for aberta à *ação de Deus: só* a vide que não tem medo de se deixar podar pelo agricultor é que dá mais fruto para si e para os outros.

APELO E ORAÇÃO

64. Ao concluir este documento pós-sinodal, lanço, uma vez mais, o convite do "proprietário", de que nos fala o Evangelho: *Ide vós também para a minha vinha*. Pode dizer-se que o significado do Sínodo sobre a vocação e a missão dos leigos está mesmo neste *apelo que o Senhor Jesus faz a todos,* em especial aos fiéis leigos, homens e mulheres.

Os trabalhos sinodais constituíram para todos os que neles participaram uma grande experiência espiritual: a de uma Igreja atenta, na luz e na força do Espírito, em discernir e acolher o renovado apelo do seu Senhor, no sentido de novamente propor ao mundo de hoje o mistério da sua comunhão e o dinamismo da sua missão de salvação, em particular, descobrindo o lugar e o papel específicos dos fiéis leigos. O fruto, portanto, do Sínodo, que esta Exortação pretende conseguir que seja o mais abundante possível em todas as Igrejas espalhadas pelo mundo, será dado pela efetiva aceitação que o apelo do Senhor receber por parte de todo o Povo de Deus e, nele, por parte dos fiéis leigos.

Por isso, dirijo a todos e a cada um, pastores e fiéis, a vivíssima exortação de que nunca se cansem em manter desperta, antes, enraízem cada vez mais na mente, no coração e na vida a *consciência eclesial,* isto é, a consciência de serem membros da Igreja de Jesus Cristo, participantes no seu mistério de comunhão e na sua energia apostólica e missionária.

É de particular importância que todos os cristãos tenham consciência da *dignidade extraordinária* que lhes foi conferida no santo Batismo: pela graça somos chamados a tornarmo-nos filhos amados do Pai, membros incorporados em Jesus Cristo e na sua Igreja, templos vivos e santos do Espírito. Ouçamos de novo, com comoção e gratidão, as palavras de João Evangelista: "Com que amor nos amou o Pai, ao querer que fôssemos chamados filhos de Deus. E, de fato, somo-lo" (1Jo 3,1).

Esta "novidade cristã" dada aos membros da Igreja, ao constituir para todos a raiz da sua participação no múnus sacerdotal, profético e real de Cristo e da sua vocação à santidade no amor, exprime-se e realiza-se nos fiéis leigos segundo "a índole secular" que lhes é própria e peculiar.

A consciência eclesial comporta, juntamente com o sentido da comum dignidade cristã, o sentido de pertencer ao mistério da *Igreja-Comunhão:* este é um aspecto fundamental e decisivo para a vida e para a missão da Igreja. A fervorosa oração de Jesus na última ceia: "*Ut unum sint!*" deve tornar-se, todos os dias, para todos e para cada qual, um exigente programa de vida e de ação, a que não se pode renunciar.

O sentido vivo da comunhão eclesial, dom do Espírito que pede a nossa resposta livre, terá como seu fruto precioso a valorização harmônica na Igreja "una e católica" da rica variedade das vocações e condições de vida, dos carismas, dos ministérios e das tarefas e responsabilidades, como também uma mais convicta e decidida colaboração dos grupos, associações e movimentos de fiéis leigos no cumprimento solidário da comum missão salvífica da própria Igreja. Esta comunhão é já, em si mesma, o primeiro grande sentido da presença de Cristo Salvador no mundo e, ao mesmo tempo, favorece e estimula a direta ação apostólica e missionária da Igreja.

As portas do terceiro milênio, toda a Igreja, pastores e fiéis, deve sentir mais forte a sua responsabilidade em obedecer à ordem de Cristo: "Ide por todo o mundo e pregai o Evangelho a toda a criatura" (Mc 16,15), renovando o seu impulso missionário. Uma grande, empenhativa e magnífica tarefa é confiada à Igreja: a de uma *nova evangelização,* de que o mundo atual tem tanta necessidade. Os fiéis leigos devem sentir-se parte viva e responsável desta tarefa, chamados como são a anunciar e a viver o Evangelho ao serviço dos valores e das exigências da pessoa e da sociedade.

O Sínodo dos Bispos, celebrado no mês de outubro, durante o Ano Mariano, confiou os seus trabalhos, de modo muito especial, à intercessão de Maria Santíssima, Mãe do Redentor. Agora, confio a essa mesma intercessão a fecundidade espiritual dos frutos do Sínodo. À Virgem me dirijo no fim deste documento pós-sinodal, em união com os Padres e os fiéis leigos presentes no Sínodo e com todos os outros membros do Povo de Deus. O apelo torna-se oração.

Ó Virgem santíssima,
Mãe de Cristo e Mãe da Igreja,
com alegria e admiração
nos unimos ao teu *Magnificat*,
ao teu canto de amor reconhecido.

Contigo damos graças a Deus,
"cuja misericórdia se estende
de geração em geração",
pela maravilhosa vocação
e pela multiforme missão
dos fiéis leigos,
que Deus chamou pelo seu nome
para viverem em comunhão de amor
e de santidade com ele
e para estarem fraternamente unidos
na grande família dos filhos de Deus,
enviados a irradiar a luz de Cristo
e a comunicar o fogo do Espírito,
em todo o mundo,
por meio da sua vida evangélica.

Virgem do *Magnificat*,
enche os seus corações
de gratidão e de entusiasmo
por essa vocação e para essa missão.

Tu que foste,
com humildade e magnanimidade,
"a serva do Senhor",
dá-nos a tua mesma disponibilidade
para o serviço de Deus
e a salvação do mundo.
Abre os nossos corações
às imensas perspectivas
do Reino de Deus
e do anúncio do Evangelho
a toda a criatura.

No teu coração de mãe
estão presentes os tantos perigos
e os muitos males
que esmagam os homens e as mulheres
do nosso tempo.
Mas, estão presentes também
as tantas iniciativas de bem,
as grandes aspirações aos valores,
os progressos feitos
em dar abundantes frutos de salvação.

Virgem corajosa,
inspira-nos força de ânimo
e confiança em Deus,
para que saibamos vencer

todos os obstáculos que encontramos
no cumprimento da nossa missão.
Ensina-nos a tratar as realidades do mundo
com vivo sentido de responsabilidade cristã
e na alegre esperança
da vinda do Reino de Deus,
dos novos céus e da nova terra.

Tu que estiveste no Cenáculo
com os Apóstolos em oração,
à espera da vinda do Espírito de Pentecostes,
invoca a sua renovada efusão
sobre todos os fiéis leigos, homens e mulheres,
para que correspondam plenamente
à sua vocação e missão,
como vides da "verdadeira videira",
chamados a dar "muito fruto"
para a vida do mundo.

Virgem Mãe,
guia-nos e apoia-nos para vivermos sempre
como autênticos filhos e filhas
da Igreja do teu Filho
e podermos contribuir para a implantação
da civilização da verdade e do amor sobre a terra,
segundo o desejo de Deus
e para a sua glória.

Amém.

Dado em Roma, junto de S. Pedro, em 30 de dezembro,
Festa da Sagrada Família de Jesus, Maria e José,
do ano de 1988, décimo primeiro do meu Pontificado.

João Paulo II

SUMÁRIO

INTRODUÇÃO 7

Ide vós também para a minha vinha 7

As urgências atuais do mundo: por que estais aqui
o dia inteiro inativos? 12

Jesus Cristo, a esperança da humanidade 20

Capítulo I

EU SOU A VIDEIRA E VÓS OS RAMOS 23

O mistério da vinha 23

Quem são os fiéis leigos 25

O Batismo e a novidade cristã 27

Os fiéis leigos e a índole secular 35

Chamados à santidade 39

Capítulo II

TODOS RAMOS DA ÚNICA VIDEIRA 47

O mistério da Igreja-Comunhão 47

Os ministérios e os carismas, dons do Espírito à Igreja 54

A participação dos fiéis leigos na vida da Igreja 66

Formas de participação na vida da Igreja 74

Capítulo III

CONSTITUÍ-VOS PARA IRDES
E DARDES FRUTO 87
Comunhão missionária.. 87
Anunciar o Evangelho 89
Viver o Evangelho servindo a pessoa e a sociedade 98

Capítulo IV

OS TRABALHADORES DA VINHA DO SENHOR. 129
A variedade das vocações 129
Jovens, crianças, idosos 130
Mulheres e homens 136
Doentes e atribulados.. 152
Estados de vida e vocações 157

Capítulo V

PARA QUE DEIS MAIS FRUTO 163
Amadurecer continuamente 163
Descobrir e viver a própria vocação e missão 164
Uma formação integral para viver em unidade........... 166
Colaboradores de Deus educador................................ 171
A formação reciprocamente recebida e
dada por todos 177

APELO E ORAÇÃO 181